W0288503

# Thema Geschichte

KOMPAKT

## Die DDR –
## Sozialismus, friedliche Revolution
## und deutsche Einheit

Ulrich Scholz

Schroedel

**Thema** Geschichte KOMPAKT

Geschichtliche Reihe für die Sekundarstufe II

**Die DDR –**
**Sozialismus, friedliche Revolution**
**und deutsche Einheit**

bearbeitet von
Ulrich Scholz



Druck $A^2$ / Jahr 2010
Alle Drucke der Serie A sind im Unterricht parallel verwendbar.

Redaktion: Dr. Carsten Drecoll, Freiburg
Herstellung: Sabine Schmidt, Hannover
Layout: Janssen Kahlert, Hannover
Grafik: Theiss Heidolph, Kottgeisering/
Langner & Parnter, Hemmingen
Satz: Schmiku Repro, Schwerte
Druck und Bindung: westermann druck GmbH, Braunschweig

ISBN 978-3-507-**36862**-0

# INHALTSVERZEICHNIS

# VORWORT

Das vorliegende Heft aus der Reihe Thema Geschichte Kompakt verfolgt wie auch die anderen Titel der Reihe das Ziel, den Schülerinnen und Schülern die Vorbereitung für das Zentralabitur in Niedersachsen zu ermöglichen. Es ist daher genau auf das Thema des Bildungsplans für Niedersachsen für 2011 und 2012 zugeschnitten. Darüber hinaus soll das Heft aber auch für die Arbeit in anderen Bundesländern oder auch zur selbstständigen Erschließung des Themas dienen.

Die DDR existiert seit fast 20 Jahren nicht mehr – halb so lang wie es sie überhaupt gab. Sie ist dennoch weiterhin bemerkbar, weil sie ein Teil der Lebenserfahrungen ihrer ehemaligen Bürger ist. Und, im Gegensatz etwa zum Nationalsozialismus, hat sich bis heute auch noch kein einheitlicher gesellschaftlicher Konsens über sie entwickelt. Die DDR wird also noch sehr unterschiedlich bewertet, was an den Begriffen wie „Diktatur" oder auch „Wende", „Revolution" oder gar „Anschluss" deutlich wird. Auch die Bewertung der Zeit nach 1989 hängt von dem Werturteil über die DDR ab.

Auch dieses Schulbuch geht von einem Werturteil über die DDR aus, denn ihr Charakter als Diktatur, die alle Eigenschaften eines demokratischen Staates entbehrte, wird deutlich herausgearbeitet und der Widerspruch zwischen Anspruch und Wirklichkeit deutlich betont. Dies wird auch – mit Recht – vom niedersächsischen Bildungsplan gefordert. Bewusst soll zudem gegen nostalgische Beschönigungen gearbeitet werden. Vor allem in Kapitel 3 wird dazu Material geboten.

Ausdrücklich verzichtet wird auf eine Kultur- bzw. Alltagsgeschichte des Lebens der DDR-Bürger. Die Betonung liegt auf Voraussetzungen, Entwicklung und Scheitern des politischen Systems und den Ereignissen von 1989, ihren Ursachen und Folgen.

Aufbau und didaktisches Konzept sind dieselben wie bei den anderen Heften: Die einleitenden Autorentexte sind bewusst knapp gehalten und sollen einen Einstieg in das gebotene Material bieten. Mittels der Aufgaben, aber auch eigener Fragestellungen können die Quellen und Sekundärtexte herangezogen werden. Viele Bilder erlauben zudem, sich zu weiteren Fragen oder Aspekten des Themas DDR und Revolution von 1989 anregen zu lassen.

Literaturhinweise und Internetadressen sollen der weiterführenden Arbeit dienen. Sie sind sowohl für die Lehrkräfte zur vertiefenden Vorbereitung als auch für die Schüler geeignet, die sich weiter informieren wollen.

# 1.0 Staatsgründung und SED-Herrschaftssystem

*„Was wissen wir noch von der DDR?"*

Das ZDF veröffentlichte in seiner Sendereihe History am 21. September 2008 die Ergebnisse einer repräsentativen Erhebung zu der Frage: „Was wissen wir noch von der DDR?" Die erste von zehn Fragen: „Welche Symbole trug die DDR-Fahne?" beantworteten 15 % der Bevölkerung der alten Bundesländer und 38 % der Menschen in den neuen Bundesländern richtig. 50 % (West) und immerhin 48 % (Ost) hielten Hammer und Sichel für die richtigen Symbole. Die Abkürzung „SED" konnten 37 % (West) und 79 % (Ost) richtig auflösen. Noch besser fiel das Ergebnis bezüglich des Kürzels „Stasi" aus (66 % West bzw. 84 % Ost). Die offizielle Bezeichnung der Berliner Mauer in der DDR als „antifaschistischer Schutzwall" kannten hingegen nur 15 % im Westen und 35 % im Osten. Solche Wissensfragen sagen natürlich nicht wirklich etwas über Kenntnisse von Strukturen, Zusammenhängen und historischen Entwicklungen aus, sie können aber als Indizien genommen werden für abnehmendes Bewusstsein und Interesse und führen zu einem Nichtwissen, das Platz macht für verklärende Rückblicke auf „ein ganz normales Leben" in der DDR und Ostalgie oder auch einfach Ignoranz.

*West und Ost*

Zwanzigjährige haben heute keinerlei persönliche Erinnerung mehr an die Existenz zweier deutscher Staaten, die ihr Leben aber weiterhin maßgeblich beeinflusst. Allein der Umstand, dass wir immer noch die Bevölkerung nach alten und neuen Bundesländern einteilen (wobei zu bemerken ist, dass bei der oben erwähnten Umfrage immerhin 20 % im Westen und 11 % im Osten kein einziges „neues" Bundesland benennen konnten), wenn es um Umfragen, Wahlergebnisse, Besoldungshöhen, Fördermittel usw. geht, verweist auf die Dringlichkeit der Auseinandersetzung mit der 40-jährigen Parallelgeschichte in Deutschland. Dabei geht es nicht um die kontrafaktische Fragestellung, ob die DDR hätte überleben können. Das Modell DDR ist komplett gescheitert. Dies in aller Deutlichkeit aufzuzeigen und das Ursachenbündel

*Symbole der DDR: Flagge (mit Wappen), Embleme der SED sowie der Staatssicherheit.*

dafür vor allem im Hinblick auf politische und wirtschaftliche Entscheidungen und Begründungen hin zu untersuchen, steht dabei im Zentrum des Interesses. Warum musste die DDR scheitern? Warum konnte sie überhaupt 40 Jahre lang bis 1989 existieren? Bedurfte es einer „friedlichen Revolution", um dieses Staatsmodell zu überwinden? Gibt es außerhalb von Museen und Gedenkstätten Erhaltenswertes an politischen bzw. wirtschaftlichen Grundsatzentscheidungen?

## 1.1 Neues Deutschland? – Die Ausbildung der „Volksdemokratie" unter Führung der SED

*Marx-Engels-Denkmal in Berlin 1990. Die Schrift wurde mittlerweile wieder entfernt.*

**„Real existierender Sozialismus"**

Schon die Selbstcharakterisierung der DDR als ein Land des „real existierenden Sozialismus" verweist auf die Diskrepanz zwischen dem theoretischen Ideal, dem von Marx und Engels in der zweiten Hälfte des 19. Jahrhunderts skizzierten Sozialismus und Kommunismus, und der bestehenden Wirklichkeit in Form der durch Lenin und Stalin vorgenommenen „Anpassungen" der Marxschen Ideen an die russische/sowjetische Realität, die nach dem Zweiten Weltkrieg auf die in der sowjetischen Machthemisphäre liegenden Länder des Ostblocks übergestülpt wurden. Dabei berücksichtigten die verantwortlich politisch Handelnden weder deren jeweilige historische Entwicklung noch die landesspezifischen sozioökonomischen, kulturellen und politischen Begebenheiten. Dieser Widerspruch zwischen propagiertem Ideal (Marxismus) und erlebter Realität (Stalinismus) prägte die DDR während ihrer 40-jährigen Existenz und führte neben anderen aufzuzeigenden Gründen zum Zusammenbruch dieses Staates.

Im Gegensatz zur ebenfalls gescheiterten Weimarer Republik, der man den Charakter eines „Experiments in Demokratie" zugestehen kann, sind der DDR – wie dem „Großen Bruder Sowjetunion" – alle wesentlichen Merkmale eines demokratisch ausgerichteten Staatswesens abzusprechen: Pluralismus, parlamentarische Opposition, Unabhängigkeit der Presse/Medien, Wahrung der grundlegenden Menschenrechte usw.

*Mythos „Tag der Befreiung"*

Schon der Gründungsmythos der „Befreiung vom Faschismus durch die ruhmreiche sowjetische Rote Armee" und in dessen Konsequenz die bis zum Ende 1989 propagierte antifaschistische Ausrichtung der DDR traf ab 1945 in einer Bevölkerung, der durch Indoktrination in der Zeit der Nazidiktatur unmittelbar zuvor genau das Gegenteil von der Roten Armee und der Sowjetunion nahegebracht worden war, auf Unverständnis. Dies umso mehr, als die sowjetischen Truppen wie zuvor deutsche Soldaten in eroberten Gebieten sich eher als gewaltsame Besetzer gerierten, die wegen massenhafter Vergewaltigungen und Brutalität gegenüber der Zivilbevölkerung keine Sympathieträger waren. Viele Menschen verschwanden 1945–1949 in Lagern und kamen ums Leben.

*Flüchtlinge und Vertriebene*

Zu bedenken ist dabei auch, dass ca. 2 Millionen Flüchtlinge und Vertriebene in der Sowjetischen Besatzungszone (SBZ), dem Gebiet der späteren DDR, gerade vor der Roten Armee aus Pommern, Schlesien und anderen Ostgebieten geflohen waren und somit in den sowjetischen Soldaten alles andere als „Befreier" sehen konnten. Dass den führenden deutschen Politikern in der SBZ dieses Problem durchaus bewusst war, erkennt man an der sofort einsetzenden Sprachregelung: Aus „Flüchtlingen" und „Vertriebenen" wurden „Umsiedler". Das Verhalten der Roten Armee gegenüber der Zivilbevölkerung durfte gar nicht mehr thematisiert werden.

*Aufteilung in Besatzungszonen*

Auf den Konferenzen von Teheran (November/Dezember 1943) und Jalta (Februar 1945) hatte die Anti-Hitler-Koalition, bestehend aus den USA, Großbritannien und der Sowjetunion, die Aufteilung des Deutschen Reiches in Besatzungszonen beschlossen, die nach der bedingungslosen Kapitulation der deutschen Wehrmacht im Mai 1945 unter Einbeziehung Frankreichs von den jeweiligen Siegermächten unter Kontrolle genommen wurden. Hielten die Alliierten auch zunächst noch an dem Ziel einer gemeinsamen Deutschlandpolitik propagandistisch fest und schufen sich im sogenannten Alliierten Kontrollrat ein entsprechendes Exekutivgremium, zeigten sich bald die sehr unterschiedlichen Vorgehensweisen in den vier Besatzungszonen, die letztlich in den Staatsgründungen von Bundesrepublik (24. Mai 1949) und DDR (7. Oktober 1949) mündeten.

*„Gruppe Ulbricht"*

Noch in den letzten Kriegstagen (Ende April 1945) wurde die sogenannte „Gruppe Ulbricht" (benannt nach Walter Ulbricht, dem ersten Generalsekretär der 1946 gegründeten SED und späteren Staatsratsvorsitzenden der DDR) aus dem Moskauer Exil in das bereits von der Roten Armee kontrollierte Gebiet östlich von Berlin ausgeflogen. Zu dieser Gruppe gehörten – neben Ulbricht – auch andere spätere Funktionäre der DDR, so der spätere Außenminister der DDR (Otto Winzer) oder Markus Wolf, Chef der Auslandsspionage. Sie sollten den Wiederaufbau der KPD mit dem Ziel der Kontrolle der neu zu besetzenden Verwaltungsstellen zunächst in Berlin befördern, womit die unmittelbare Einflussnahme auf die politische und wirtschaftliche Entwicklung in der SBZ eingeleitet wurde.

MATERIAL

## 1 Die Revolution entlässt ihre Kinder

*Wolfgang Leonhard[1], ehemaliges Mitglied der „Gruppe Ulbricht" und Historiker, fasst in seinem autobiografischen Buch „Die Revolution entlässt ihre Kinder" die Absichten der politischen Führung in Moskau Anfang 1945 unter der Überschrift „Unsere Direktiven für Deutschland" zusammen.*

Die politische Aufgabe bestehe nicht darin, in Deutschland den Sozialismus zu verwirklichen oder eine sozialistische Entwicklung herbeiführen zu wollen. Dies müsse im Gegenteil als schädliche Tendenz verurteilt und bekämpft werden. Deutschland stehe vor einer bürgerlich-demokratischen Umgestaltung, die ihrem Inhalt und Wesen nach eine Vollendung der bürgerlich-demokratischen Revolution von 1848 sei. Es komme darauf an, aktiv für diese Vollendung einzutreten, sich aber jeglichen sozialistischen Losungen zu widersetzen, da diese unter den gegenwärtigen Bedingungen reinste Demagogie seien; unter solchen Umständen würde die Idee des Sozialismus nur diskreditiert.

[1] Wolfgang Leonhard, geb. 1921, brach 1949 mit dem Kommunismus und floh über Jugoslawien in die Bundesrepublik.

Wolfgang Leonhard, Die Revolution entlässt ihre Kinder, Gütersloh (Bertelsmann), Neuauflage 1981, S. 288.

MATERIAL

## 2 „Es muss demokratisch aussehen, aber wir müssen alles in der Hand haben"

*Nach der Ankunft in Deutschland diktierte Walter Ulbricht das weitere Vorgehen. Wolfgang Leonhard zitiert eine Diskussion mit ihm folgendermaßen:*

„Die Bezirksverwaltungen müssen politisch richtig zusammengestellt werden. Kommunisten als Bürgermeister können wir nicht brauchen, höchstens im Wedding oder in Friedrichshain. Die Bürgermeister sollen in den Arbeiterbezirken in der Regel Sozialdemokraten sein. In den bürgerlichen Vierteln – Zehlendorf, Wilmersdorf, Charlottenburg usw. – müssen wir an die Spitze einen bürgerlichen Mann stellen, einen, der früher dem Zentrum, der Demokratischen oder Deutschen Volkspartei angehört hat. Am besten, wenn er ein Doktor ist; er muss aber gleichzeitig auch Antifaschist sein und ein Mann, mit dem wir gut zusammenarbeiten können."
„Und die anderen Posten?", warf einer ein.
„[…] Die müssen der politischen Struktur der Berliner Bezirke angepasst sein. In Zehlendorf kann es nicht so sein wie im Wedding oder Friedrichshain. In den Arbeitervierteln müssen wir vor allem viele Sozialdemokraten heranziehen oder parteilose Antifaschisten aus der Arbeiterklasse, die mit uns eng zusammenarbeiten. In den bürgerlichen Vierteln müssen wir möglichst viele Bürger finden. Für den stellvertretenden Bürgermeister, für Ernährung, für Wirtschaft und Soziales sowie für Verkehr nehmen wir am besten Sozialdemokraten, die verstehen was von Kommunalpolitik. Für Gesundheitswesen antifaschistisch eingestellte Ärzte, für Post und Verbindungswesen parteilose Spezialisten, die etwas davon verstehen. Jedenfalls müssen zahlenmäßig mindestens die Hälfte aller Funktionen mit Bürgerlichen oder Sozialdemokraten besetzt werden. […]
Und nun zu unseren Genossen. Der erste stellvertretende Bürgermeister, der Dezernent für Personalfragen und der Dezernent für Volksbildung – das müssen unsere Leute sein. Dann müsst ihr noch einen zuverlässigen Genossen in jedem Bezirk ausfindig machen, den wir für den Aufbau der Polizei brauchen.
Das gilt für alle Bezirke. In manchen Bezirken werden wir uns nur auf die Besetzung dieser Funktionen beschränken. In den Arbeitervierteln Wedding, Friedrichshain, Neukölln und Lichtenberg können wir vielleicht von unseren Leuten einen oder zwei mehr einsetzen. […] Es ist doch ganz klar: Es muss demokratisch aussehen, aber wir müssen alles in der Hand haben."

Wolfgang Leonhard, Die Revolution entlässt ihre Kinder, Gütersloh (Bertelsmann), Neuauflage 1981, S. 315 ff.

*Sitzung des Nationalkomitees Freies Deutschland 1944 in Moskau: u. a. General Walter v. Seydlitz-Kurzbach und Walter Ulbricht (Pfeil). Das Nationalkomitee war auf Anregung der Sowjetunion entstanden und umfasste sowohl kommunistische Emigranten als auch kriegsgefangene deutsche Soldaten.*

MATERIAL

## Zulassung von Parteien in der SBZ 3

*Der Oberste Chef der Sowjetischen Militärverwaltung erlässt am 10. Juni 1945 den Befehl Nr. 2:*

Am 2. Mai dieses Jahres wurde die Stadt Berlin von den Sowjettruppen besetzt. [...] Vom Augenblick der Besetzung Berlins durch die Sowjettruppen an wurde auf dem Gebiet der sowjetischen Besatzungszone in Deutschland feste Ordnung hergestellt, die städtischen Organe der Selbstverwaltung organisiert und notwendige Bedingungen für die freie gesellschaftliche und politische Tätigkeit der deutschen Bevölkerung geschaffen. Zu Vorstehendem befehle ich:

1. Auf dem Territorium der sowjetischen Besatzungszone in Deutschland ist die Bildung und Tätigkeit aller antifaschistischen Parteien zu erlauben, die sich die endgültige Ausrottung der Überreste des Faschismus und die Festigung der Grundlage der Demokratie und der bürgerlichen Freiheiten in Deutschland und die Entwicklung der Initiative und Selbstbetätigung der breiten Massen der Bevölkerung in dieser Richtung zum Ziel setzten.

2. Der werktätigen Bevölkerung der sowjetischen Besatzungszone in Deutschland ist das Recht zur Vereinigung in freien Gewerkschaften und Organisationen zum Zweck der Wahrung der Interessen und Rechte der Werktätigen zu gewähren. [...]

3. Alle in den Punkten 1 und 2 genannten antifaschistischen Parteiorganisationen und freien Gewerkschaften sollen ihre Vorschriften und Programme der Tätigkeit bei den Organen der städtischen Selbstverwaltung und beim Militärkommandanten registrieren lassen und ihnen gleichzeitig die Liste der Mitglieder ihrer führenden Organe geben.

4. Es wird bestimmt, dass für die ganze Zeit des Besatzungsregimes die Tätigkeit aller in Punkt 1 und 2 genannten Organisationen unter der Kontrolle der Sowjetischen Militärverwaltung und entsprechend den von ihr gegebenen Instruktionen vor sich gehen wird. [...]

Der Oberste Chef der Sowjetischen Militärverwaltung in Deutschland, Marschall der Sowjetunion G. K. Shukow.

zit. nach: Ernst Deuerlein, Die Einheit Deutschlands, Band 1: Die Erörterungen und Entscheidungen der Kriegs- und Nachkriegskonferenzen 1941–1949. Darstellung und Dokumente, Frankfurt/M (Alfred Metzner Verlag) 2. durchges. und erw. Aufl. 1961, S. 342 f.

MATERIAL
## 4 „Die antifaschistische demokratische Einheit ist da“

*Walter Ulbricht erläutert die Gründung des antifaschistischen Blocks im Sommer 1945 auf dem Gebiet der späteren* DDR.

Am 14. Juli 1945 traten die Vertreter der antifaschistisch-demokratischen Parteien zu einer ersten gemeinsamen Besprechung zusammen. [...] In einer vom Willen aufrichtiger Zusammenarbeit getragenen Aussprache wurde festgestellt: Hitler hat Deutschland in die tiefste Katastrophe seiner Geschichte gestürzt. Die Kriegsschuld Hitlerdeutschlands ist offenkundig. Weite Kreise des deutschen Volkes waren dem Hitlerismus und seiner Ideologie verfallen und haben seinen Eroberungskrieg bis zum furchtbaren Ende unterstützt. Groß war die Zahl jener Deutschen, die willenlos der Hitlerpolitik folgten und sich damit mitschuldig gemacht haben. So hat Hitler unser ganzes Volk in ein Chaos von Schuld und Schande gestürzt.
Nur durch einen grundlegenden Umschwung im Leben und im Denken unseres ganzen Volkes, nur durch Schaffung einer antifaschistisch-demokratischen Ordnung ist es möglich, die Nation zu retten. Die Vertreter der vier Parteien beschließen, unter gegenseitiger Anerkennung ihrer Selbständigkeit, die Bildung einer festen Einheitsfront der antifaschistisch-demokratischen Parteien, um mit vereinter Kraft die großen Aufgaben zu lösen. [...] Der gemeinsame Ausschuss stellt sich folgende Hauptaufgaben:
1. Zusammenarbeit im Kampf zur Säuberung Deutschlands von den Überresten des Hitlerismus und für den Aufbau des Landes auf antifaschistisch-demokratischer Grundlage, Kampf gegen das Gift der Naziideologie wie gegen alle imperialistisch-militaristischen Gedankengänge.
2. Gemeinsame Anstrengungen zu möglichst raschem Wiederaufbau der Wirtschaft, um Arbeit, Brot, Kleidung und Wohnung für die Bevölkerung zu schaffen.
3. Herstellung voller Rechtssicherheit auf der Grundlage eines demokratischen Rechtsstaates.
4. Sicherung der Freiheit des Geistes und des Gewissens sowie der Achtung vor jeder religiösen Überzeugung und sittlichen Weltanschauung.
5. Wiedergewinnung des Vertrauens und Herbeiführung eines auf gegenseitiger Achtung beruhenden Verhältnisses zu allen Völkern. Unterbindung jeder Völkerverhetzung.
Ehrliche Bereitschaft zur Durchführung der Maßnahmen der Besatzungsbehörden und Anerkennung unserer Pflicht zur Wiedergutmachung.
Die Parteien vereinbaren, ein gemeinsames Aktionsprogramm auszuarbeiten. [...]

Walter Ulbricht, Zur Geschichte der neuesten Zeit, Bd. I, 1. Halbband, Berlin (Karl Dietz Verlag) 1955, S. 380f.

MATERIAL
## 5 Der antifaschistisch-demokratische Block

*Das Wesen des antifaschistisch-demokratischen Blocks besteht darin, dass zwar formal verschiedene Parteien bestehen, bei Wahlen aber nur Einheitslisten angekreuzt werden können, auf die sich die Parteien und Massenorganisationen zuvor geeinigt haben.*

*Verteilungsschlüssel für die 400 Abgeordneten bei der Wahl zur ersten Volkskammer der DDR 1950*

| | | | |
|---|---|---|---|
| SED | 25,0% | FDJ | 5,0% |
| CDU | 15,0% | DFD | 3,7% |
| LDP | 15,0% | VVN | 3,7% |
| NDPD | 7,5% | Kulturbund | 5,0% |
| DBD | 7,5% | VdgB | 1,3% |
| FDGB | 10,0% | Genossenschaften | 1,3% |

LDP(D) = Liberal-Demokratische Partei (Deutschlands)
NDPD = National-Demokratische Partei Deutschlands
DBD = Demokratische Bauernpartei Deutschlands
FDGB = Freier Deutscher Gewerkschaftsbund
FDJ = Freie Deutsche Jugend
DFD = Demokratischer Frauenbund Deutschlands
VVN = Vereinigung der Verfolgten des Naziregimes
VdgB = Vereinigung der gegenseitigen Bauernhilfe

Von den 120 Kandidaten der Massenorganisationen waren gleichzeitig 107 Mitglieder der SED.

Neues Deutschland vom 8. Juli 1950, S. 1.

MATERIAL

## Ein besonderer Weg zum Sozialismus? 6

*Anton Ackermann, Mitglied der KPD, dann SED, kam mit der „Gruppe Ulbricht" in die SBZ. Die im Auftrag des ZK der KPD zusammengestellten Überlegungen zur eigenständigen Entwicklung einer sozialistischen Gesellschaftsordnung in Deutschland musste Ackermann 1948 widerrufen.*

*Anton Ackermann und Wilhelm Pieck 1942 in sowjetischer Kriegsgefangenschaft.*

„Gibt es einen besonderen deutschen Weg zum Sozialismus?" (9. Februar 1946)

Für Deutschland wie jedes andere Land gilt, dass es ohne die Aufrichtung der ganzen Macht der Arbeiterklasse keinen Aufbau des Sozialismus geben kann. Ob die Arbeiterklasse vom gegenwärtigen Ausgangspunkt auf friedlichem Wege und unter Beschränkung auf rein gesetzliche Mittel in den Besitz der ganzen Macht kommen kann, darüber entscheiden die nächsten Wochen und Monate. Und dies in dem Sinne, dass in dieser kurzen Zeitspanne die Entscheidung fallen wird, ob die demokratische Republik von neuem Gewaltinstrument in den Händen reaktionärer Kräfte wird oder ein fortschrittlicher Staat, der für eine spätere Entwicklung zum Sozialismus kein unüberwindliches Hindernis bilden wird. Niemand wünscht sehnlicher als wir, dass neue offene Kämpfe, ein neues Blutvergießen vermieden werden kann.

In allen Dingen, die nicht die oben bezeichneten Grundfragen der Umwälzung zum Sozialismus betreffen, wird in diesem oder jenem Falle die Entwicklung in Deutschland zweifellos einen weitgehend spezifischen Charakter tragen. Oder mit anderen Worten: Im Einzelnen werden sich die starken Besonderheiten der historischen Entwicklung unseres Volkes, seine politischen und nationalen Eigenheiten, die besonderen Züge seiner Wirtschaft und seiner Kultur außerordentlich stark ausprägen.

Die in der gemeinsamen Entschließung[1] vom 21. Dezember 1945 dargelegte Auffassung ist also durchaus begründet:

„Die Einheitspartei soll selbständig und unabhängig sein. Es ist ihre Aufgabe, ihre Politik und Taktik entsprechend den Interessen der deutschen Werktätigen und den speziellen Bedingungen in Deutschland zu entwickeln. Sowohl bei der Verwirklichung des Programm-Minimums als auch des Programm-Maximums soll sie, von den Besonderheiten der Entwicklung unseres Volkes ausgehend, einen eigenen Weg einschlagen." […]

Im Oktober 1916 brachte Lenin in dem Artikel „Eine Karikatur auf den Marxismus" außerordentlich tiefe Gedanken über die Besonderheit der Entwicklung in jedem Lande zum Ausdruck: „Alle Völker werden zum Sozialismus gelangen, das ist unausbleiblich, aber sie werden dahin nicht auf ganz dem gleichen Wege gelangen, jedes wird dieser oder jener Form der Demokratie, dieser oder jener Abart der Diktatur des Proletariats, diesem oder jenem Tempo der sozialistischen Umgestaltung der verschiedenen Seiten des gesellschaftlichen Lebens seine Eigenart verleihen. Nichts wäre theoretisch kläglicher [und praktisch lächerlicher] als im Namen des historischen Materialismus' in dieser Hinsicht ein Zukunftsbild in monotonem Grau zu malen." (Lenin: Sämtliche Werke, Bd. XIX, S. 281).

In diesem Sinne müssen wir einen besonderen deutschen Weg zum Sozialismus unbedingt bejahen.

---

[1] Ergebnis der vorbereitenden Konferenz zur Vereinigung von SPD und KPD auf dem Gebiet der SBZ

aus: Hermann Weber (Hrsg.), DDR – Dokumente zur Geschichte der Deutschen Demokratischen Republik 1945–1985, München (DTV) 1986, S. 64 f.

MATERIAL

## 7 Widerstand gegen die Einheitspartei

*Nach dem katastrophalen Wahlergebnis der KPÖ Ende November 1945, die in freien Wahlen gegen die Österreichische Volkspartei (85 Abgeordnete) und die SPÖ (76 Abgeordnete) nur 4 Abgeordnete in das erste österreichische Parlament nach dem Zweiten Weltkrieg entsenden konnte, nahm in der SBZ der Druck der Besatzungsmacht zu, KPD und SPD zu einer Partei zu vereinen. Mithilfe von Zensur (Verbot von Parteipublikationen) oder Inhaftierungen (Sozialdemokraten, die sich gegen eine Vereinigung aussprachen, wurden u. a. in den ehemaligen Konzentrationslagern interniert) wurde die Zwangsvereinigung zur SED im April 1946 forciert. Hans Hermsdorf, SPD, Bürgermeister von Chemnitz, formuliert seine Bedenken gegenüber der Vereinigung in einem Brief an den Bezirksvorsitzenden der SPD Chemnitz, August Friedel, vom 31. März 1946. Hermsdorf musste 1946 sein Amt aufgeben und ging nach Niedersachsen.*

[…] In der Frage der Verschmelzung mit der KPD habe ich von Anfang an eine ablehnende Haltung eingenommen und bei allen Sitzungen und Versammlungen stets auf die Gefahr hingewiesen, die eine solche Fusion unter den augenblicklichen Verhältnissen in sich trägt. Die Mehrheit unserer Genossen ging und geht auch heute noch hier restlos mit mir einig. Ich erklärte in aller Form und Öffentlichkeit, dass es für uns als Sozialdemokraten einen Punkt gibt, wo wir nicht mit uns verhandeln lassen – die Demokratie. Ist diese nicht garantiert, dann entstehen für uns hieraus Konsequenzen, wir müssen die Verhandlung abbrechen und sagen jeder Diktatur, wie sie sich auch nennen und tarnen möge, den Kampf an. Ich habe jedoch auch weiter in der Frage der Verschmelzung, wenn sie überhaupt diskutiert werden musste, den Reichsparteitag und die Urabstimmung gefordert und nicht zuletzt auf die Gefahr hingewiesen, dass eine zonenmäßige Verschmelzung eine Gefahr für die Einheit unseres Vaterlandes darstellt. […] Es kommt jedoch au-

Kommunistisches Plakat in der SBZ 1946 zur Vorbereitung der Gründung der SED.

Wahlplakat für die SBZ 1946 (mit Handschlag zwischen Wilhelm Pieck und Otto Grotewohl).

ßer den bereits aufgeführten Gründen noch etwas hinzu, was einer Vereinigung entgegensteht. Die Kommunistische Partei ist keine unabhängige Partei und allein diese Tatsache schon macht eine Verschmelzung unmöglich. […] Wir sind gegenüber den Kommunisten die weitaus größere und saubere Partei, und nicht wir, sondern die Kommunisten haben einmal gespalten, nicht wir, sondern die Kommunisten haben einmal in der fanatischsten und heftigsten Form für die proletarische Diktatur plädiert und damit den Bruderkampf in der gehässigsten Form vom Zaune gebrochen. Wenn sie nun heute wieder sehr viel von Demokratie reden, dann haben nicht wir, sondern sie es nötig gehabt, sich in dieser Hinsicht zu revidieren, und wenn sie es daher ehrlich meinen mit der Einheit der Arbeiterschaft, nun dann sollen sie ihre Partei auflösen und einzeln um die Aufnahme in die SPD nachsuchen. […] von einer freien Willensäußerung unserer Genossen kann in der ganzen sowjetischen Zone nicht mehr gesprochen werden. Die Einheit wird eben gemacht, und wehe dem, der sich erlaubt, eine andere Meinung zu haben, er ist ein Verräter, ein Saboteur, und was haben wir nicht alles für schöne Worte in den letzten Wochen hier von den Nazis übernommen. Ich betone nochmals, unter Missachtung auch der elementarsten Grundregeln wird die Einheit verfügt und vollzogen, ohne der Mitgliedschaft das Recht der freien Entscheidung zu gewähren, denn die Abstimmung per Akklamation ist doch Theater, wie es früher im Sportpalast vollzogen wurde. […]
In jeder Zwangsvereinigung liegt bereits wieder der Kern des Zerfalls, und so weiß ich, dass unsere tapferen Genossen, die im Augenblick zwangsweise in die Einheit getrieben werden, morgen, wenn sie einmal wieder das Recht freier, demokratischer Entscheidung haben, sich sofort gegen den Terror der KPD auflehnen und wieder das Banner der Sozialdemokratie entfalten werden.

zit. nach: Andreas Malycha, Auf dem Weg zur SED: die Sozialdemokratie und die Bildung einer Einheitspartei in den Ländern der SBZ, Bonn (Dietz) 1996, S. 447 f.

MATERIAL

## Die Verfassungen der DDR 8

*In den Verfassungen spiegelt sich das Selbstverständnis eines Staates wider. Die* DDR *hatte drei verschiedene Fassungen:* 1949, 1968 *und* 1974.

*a) Entwurf der* SED *für eine Verfassung der Deutschen Demokratischen Republik* (14. *November* 1946)

In der Gewissheit, dass nur durch eine demokratische Volksrepublik die Einheit der Nation, der soziale Fortschritt, die Sicherung des Friedens und die Freundschaft mit den anderen Völkern gewährleistet ist, hat sich das deutsche Volk diese Verfassung gegeben.

**Artikel 1**

(1) Deutschland ist eine unteilbare demokratische Republik, gegliedert in Länder. […]

**Artikel 6**

(1) Es gibt nur eine Staatsangehörigkeit der Deutschen Republik.

zit. nach: documentArchiv.de [Hrsg.], URL: http://www.documentArchiv.de/ddr/1946/sed-verfassungsentwurf-ddr.html, (13. November 2008).

*b) Verfassung der Deutschen Demokratischen Republik* (7. *Oktober* 1949)

Von dem Willen erfüllt, die Freiheit und die Rechte des Menschen zu verbürgen, das Gemeinschafts- und Wirtschaftsleben in sozialer Gerechtigkeit zu gestalten, dem gesellschaftlichen Fortschritt zu dienen, die Freundschaft mit anderen Völkern zu fördern und den Frieden zu sichern, hat sich das deutsche Volk diese Verfassung gegeben.

**Artikel 1**

(1) Deutschland ist eine unteilbare demokratische Republik; sie baut sich auf den deutschen Ländern auf. […]

(4) Es gibt nur eine deutsche Staatsangehörigkeit.

zit. nach: documentArchiv.de [Hrsg.], URL: http://www.documentArchiv.de/ddr/verfddr1949.html, (13. November 2008).

*c) Verfassung der Deutschen Demokratischen Republik (6. April 1968)*

Getragen von der Verantwortung, der ganzen deutschen Nation den Weg in eine Zukunft des Friedens und des Sozialismus zu weisen,
in Ansehung der geschichtlichen Tatsache, dass der Imperialismus unter Führung der USA im Einvernehmen mit Kreisen des westdeutschen Monopolkapitals Deutschland gespalten hat, um Westdeutschland zu einer Basis des Imperialismus und des Kampfes gegen den Sozialismus aufzubauen, was den Lebensinteressen der Nation widerspricht,
hat sich das Volk der Deutschen Demokratischen Republik,
fest gegründet auf den Errungenschaften der antifaschistisch-demokratischen und der sozialistischen Umwälzung der gesellschaftlichen Ordnung,
einig in seinen werktätigen Klassen und Schichten das Werk der Verfassung vom 7. Oktober 1949 in ihrem Geiste weiterführend
und von dem Willen erfüllt, den Weg des Friedens, der sozialen Gerechtigkeit, der Demokratie, des Sozialismus und der Völkerfreundschaft in freier Entscheidung unbeirrt weiterzugehen,
diese sozialistische Verfassung gegeben.

**Artikel 1**

Die Deutsche Demokratische Republik ist ein sozialistischer Staat deutscher Nation. Sie ist die politische Organisation der Werktätigen in Stadt und Land, die gemeinsam unter Führung der Arbeiterklasse und ihrer marxistisch-leninistischen Partei den Sozialismus verwirklichen. [...]

zit. nach: Nationalrat der Nationalen Front des demokratischen Deutschland (Hrsg.), Verfassung der Deutschen Demokratischen Republik, o. O., o. J.

*d) Verfassung der Deutschen Demokratischen Republik vom 6. April 1968 (in der Fassung vom 7. Oktober 1974)*

In Fortsetzung der revolutionären Tradition der deutschen Arbeiterklasse und gestützt auf die Befreiung vom Faschismus hat das Volk der Deutschen Demokratischen Republik in Übereinstimmung mit den Prozessen der geschichtlichen Entwicklung unserer Epoche sein Recht auf sozial-ökonomische, staatliche und nationale Selbstbestimmung verwirklicht und gestaltet die entwickelte sozialistische Gesellschaft.
Erfüllt von dem Willen, seine Geschicke frei zu bestimmen, unbeirrt auch weiter den Weg des Sozialismus und Kommunismus, des Friedens, der Demokratie und der Völkerfreundschaft zu gehen, hat sich das Volk der Deutschen Demokratischen Republik diese sozialistische Verfassung gegeben.

**Artikel 1**

Die Deutsche Demokratische Republik ist ein sozialistischer Staat der Arbeiter und Bauern. Sie ist die politische Organisation der Werktätigen in Stadt und Land unter der Führung der Arbeiterklasse und ihrer marxistisch-leninistischen Partei. [...]

zit. nach: Verfassung der Deutschen Demokratischen Republik, Staatsverlag der DDR, 2. Aufl. 1975.

MATERIAL

## 9 „Ein wahrhaft demokratischer Staat"

*a) Otto Grotewohl, bis 1946 Mitglied der* SPD, *dann* SED, *Ministerpräsident der* DDR (1949–1964), *kommentiert die Verfassung von* 1949:

Der alte Obrigkeitsstaat muss [...] durch einen wahrhaft demokratischen Staat abgelöst werden; die Volksfremdheit des Staates muss ebenso überwunden werden wie die Staatsfremdheit des Volkes. Der alte Obrigkeitsstaat hat das Volk in die Katastrophe zweier Weltkriege geführt. Nur die feste Verankerung der Staatsgewalt im Volke ist die Gewähr für die Stärke und die Lebensfähigkeit der Nation. So ergab sich für uns die Notwendigkeit, den Grundsatz der Volkssouveränität allseitig auszubauen und zum Eckstein des Verfassungsneubaues zu machen.
Entsprechend diesem Grundsatz der Volkssouveränität bekennt sich die Verfassung eindeutig und klar zur parlamentarischen Republik. Die Volksvertretung, Volkskammer genannt, ist das höchste Organ der Republik. Sie ist ein wahrhaftes Volksparlament, das unmittelbar aus dem

Volke hervorgeht und vom Volke aufgelöst werden kann, wenn es das Vertrauen des Volkes nicht mehr besitzt. [...] Das Recht, Abgeordnete aufzustellen, haben alle Vereinigungen, die nach ihrer Satzung die demokratische Gestaltung des staatlichen und gesellschaftlichen Lebens der Republik erstreben und deren Organisation das ganze Staatsgebiet umfasst. Damit haben also nicht nur die politischen Parteien, sondern auch die großen Massenorganisationen, wie etwa Gewerkschaften, Frauen- und Jugendverbände, das Recht, ihre Vertretungen für die Volkskammer aufzustellen. [...]

Auch die Regierung ist nichts als ein Vertrauensgremium der Volkskammer selbst und wird aus den Vertrauensleuten der in der Volkskammer vertretenen Parteien und Organisationen zusammengesetzt, und zwar – auch das ist etwas Neues – dass jede Fraktion, die die Stärke von 40 Mann erreicht hat, durch die Verfassung zur Mitarbeit an der Regierung verpflichtet wird.

Es darf keine verantwortungslose Opposition im Parlament der neuen deutschen Demokratie geben, die ihre ganze Funktion nur darin sieht, Obstruktion zu treiben. [...]

Die Gestaltung der Wirtschaftspolitik schafft gleichzeitig die Grundlagen für eine reale Demokratie, weil sie das Aufkommen neuer Machtpositionen des Monopolkapitals verhindert. Die Verfassung besagt, dass die Wirtschaft allen ein menschenwürdiges Dasein zu sichern und dem Wohle des ganzen Volkes und der Deckung seines Bedarfes zu dienen habe. Dieses Recht der Bürger wie auch das Recht eines jeden auf Arbeit zu verwirklichen, ist die Aufgabe der Volkskammer. [...]

Die politische Betätigung und Meinungsbildung ist frei, aber nicht so frei wie in der Weimarer Republik, die den wütenden Feinden der Demokratie, dem politischen Verbrechertum, die Freiheit seiner Entwicklung gewährte. Hemmungslosigkeit ist keine Freiheit. [...]

zit. nach: documentArchiv.de [Hrsg.], http://www.documentArchiv.de/ddr/1949/grotewohl_ddr-verfassung.html, (13. November 2008).

*b) Verflechtung von Staat und Partei*

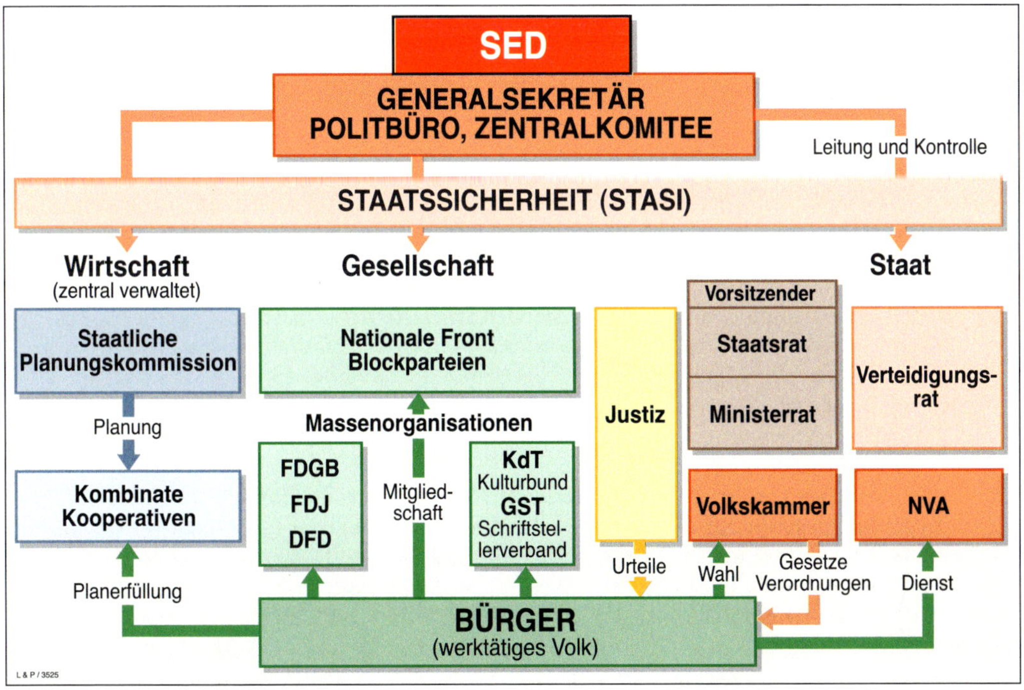

MATERIAL

## 10 Die Staatssicherheit

*Am 8. Februar 1950 wurde ein eigenständiges Ministerium für Staatssicherheit (MfS) gegründet. Bis 1989 weitete es seinen Tätigkeitsbereich und sein Personal ständig aus. Erich Mielke, seit 1950 stellvertretender Minister für Staatssicherheit und Staatssekretär, seit 1957 Minister für Staatssicherheit, umreißt die Aufgaben des MfS anlässlich des 25. Jahrestages seiner Gründung.*

„Mit dem MfS entstand ein spezielles Organ der Diktatur des Proletariats, das in der Lage ist und über alle Mittel verfügt, unter der Führung der SED gemeinsam mit den anderen staatlichen Organen und bewaffneten Kräften und in enger Verbundenheit mit den Werktätigen die Arbeiter-und-Bauern-Macht und die revolutionäre Entwicklung zuverlässig gegen jede konterrevolutionäre Tätigkeit äußerer und innerer Feinde der DDR zu schützen sowie die innere Sicherheit und Ordnung allseitig zu gewährleisten.
Der revolutionäre Prozess musste im harten Klassenkampf gegen Feinde durchgesetzt werden, die eine umfangreiche, gegen die DDR gerichtete subversive, konterrevolutionäre Tätigkeit entfalteten und mit äußerster Brutalität, mit gefährlichen Provokationen, bewaffneter Bandentätigkeit, Terror und Mordanschlägen vorgingen. [...]
Das MfS war von Anfang an vor die verantwortungsvolle Aufgabe gestellt, im Zusammenwirken mit den anderen Schutz- und Sicherheitsorganen die DDR vor allen feindlichen Anschlägen zu sichern, den Widerstand und die Restaurationsversuche der gestürzten Ausbeuterklasse kompromisslos zu zerschlagen, die gegen die DDR gerichteten Pläne, Absichten und Machenschaften des Imperialismus und der Feindzentralen umfassend aufzuklären und zu vereiteln, das sozialistische Aufbauwerk und das friedliche Leben der Bürger unserer Republik wirksam zu schützen.
Die konsequente Erfüllung dieser Aufgabe erforderte die Anwendung spezieller Mittel und Methoden bei der Bekämpfung der Feinde. Es war notwendig, offensiv in die Konspiration der Gegner einzudringen, ihre Absichten rechtzeitig zu erkennen, die feindlichen Pläne dort zu erkunden, wo sie geschmiedet werden, eine wirksame Abwehrarbeit zu gewährleisten und feindliche Kräfte im Innern aufzuspüren und unschädlich zu machen."

zit. nach: Jens Gieseke, Die DDR-Staatssicherheit: Schild und Schwert der Partei, Bundeszentrale für politische Bildung, Bonn 2000, S. 6.

1. Begründen Sie die Haltung der Sowjetunion in M 1.
2. Zeigen Sie auf, welches Verständnis von Demokratie Ulbricht hat. (M 2)
3. Erläutern Sie die Motive der SMAD, antifaschistische politische Parteien, Gewerkschaften und Organisationen zuzulassen. (M 3)
4. Nehmen Sie aus der Sicht eines westdeutschen Parteivertreters Stellung zu der Einheitsfrontpolitik der entsprechenden Schwesterpartei in der SBZ. (M 4, M 5)
5. Untersuchen Sie die Argumente Ackermanns auf ihre theoretische Fundierung (Historischer Materialismus) und vor dem zeitgeschichtlichen Kontext. (M 6)
6. Stellen Sie die grundlegenden Wertvorstellungen Hermsdorfs dar. Entwerfen Sie einen Antwortbrief eines sozialdemokratischen Verfechters der Vereinigung. (M 7)
7. Vergleichen Sie die drei DDR-Verfassungen. Erläutern Sie den Begriff „reale Demokratie" im Sinne Grotewohls und stellen Sie diesem die „formale Demokratie" (pejorativ auf westliche Demokratien benutzt) gegenüber. (M 8/M 9)
8. Analysieren Sie die Beziehung zwischen SED und Staat. Nehmen Sie anschließend Stellung zu den Begriffen „reale Demokratie", „Volksdemokratie". (M 9 b)
9. Fassen Sie die Stellung und Funktion des MfS in der „Volksdemokratie" zusammen und ordnen Sie Ihr Ergebnis in Ihre Überlegungen zu Aufg. 7 ein. (M 10)

## 1.2 Der 17. Juni 1953 – Menetekel des Untergangs?

*Bodenreform 1945*

Bereits wenige Wochen nach der Besetzung der Ostzone durch die Rote Armee und nach der Infiltration der neu entstehenden Verwaltungen durch Mitglieder oder Sympathisanten der KPD wurden entscheidende Weichenstellungen zur Umgestaltung der Wirtschaft propagandistisch eingeleitet und, den programmatischen Forderungen seit der Gründung der Partei 1918/19 entsprechend, vorgenommen. Anfang September 1945 wurden Verordnungen zur Durchführung der „Demokratischen Bodenreform" erlassen. Unter dem Motto „Junkerland in Bauernhand" wurden Großgrundbesitze – als solche galten Bauernhöfe mit einer landwirtschaftlichen Nutzfläche von mehr als 100 Hektar – entschädigungslos enteignet und vor allem den sogenannten „Umsiedlern" aus den Gebieten östlich von Oder und Neiße, Landarbeitern und Kleinbauern in der Größe von jeweils 5 ha (= 50 000 m$^2$, das entspricht etwa den Ausmaßen von sieben Fußballfeldern) übereignet.

*1945: Aufteilung des „Königlichen Ritterguts" Helfenberg bei Dresden: Überreichung der Besitzurkunde an einen Bauern.*

*VEG und LPG*

Ein Drittel des Landes wurde in öffentlichen Besitz überführt. Ländern, Kreisen und Gemeinden fiel die Aufgabe zu, diese Flächen als Mustergüter zu bewirtschaften (VEG = Volkseigenes Gut). Begründet wurde das Enteignungsverfahren, das etwa ein Drittel der gesamten Nutzfläche der SBZ betraf, mit dem Generalverdacht, alle Großgrundbesitzer (= Junker) hätten den Nationalsozialismus aktiv unterstützt. Sehr bald zeigte sich, dass diese Kleinsthöfe nicht wirtschaftlich bestellt werden konnten, sodass ab 1952 der Druck auf die Besitzer erhöht wurde, sich zu Landwirtschaftlichen Produktionsgenossenschaften, den LPGs, zusammenzuschließen. Bis 1960 entstanden 19 000 LPGs, die ca. 84 % der landwirtschaftlichen Nutzfläche bewirtschafteten. Auch Banken, Versicherungen, große Industrieunternehmen, Bergwerke, Verkehrsbetriebe und Handelsketten wurden mit der Begründung verstaatlicht, ihre Besitzer

EXTRA-BLATT Kostenlos!

Der Abend

EINE ZEITUNG FÜR BERLIN

Ostberliner Arbeiter rufen zum Generalstreik gegen ihre Unterdrücker auf

Riesendemonstration vor dem Regierungssitz – „Minister“ Selbmann niedergeschrien

Die Vopo schritt nicht ein

Berlin, 17. Juni 1953

seien Nazis und damit Kriegsverbrecher gewesen. Diese Unternehmen wurden überführt in die VEBs (= Volkseigener Betrieb) und HOs (= Handelsorganisation). Daneben wurden im Juni 1946 die Sowjetischen Aktiengesellschaften (SAG) durch Befehl der SMAD gegründet. Sie kontrollierten die Schlüsselindustrien auf dem Gebiet der SBZ/DDR und lieferten teilweise über 70 % ihrer Produktion als Reparationsleistungen in die Sowjetunion. Bereits 1947 gab es 200 SAGs. Am 1. Januar 1954 wurden offiziell die Reparationszahlungen der DDR an die Sowjetunion für beendet erklärt, womit auch die SAGs in Besitz der DDR übergingen, mit der Ausnahme der SAG Wismut, die bis 1990, dem Ende der DDR, den Uranbedarf der Sowjetunion weitgehend sicherte. Die an das sowjetische Modell angelehnte Kollektivierung der Landwirtschaft und Verstaatlichung von Industriebetrieben und Handelsorganisationen erforderten die Einführung der sozialistischen Zentralplanungswirtschaft 1948. Privateigentümer konnten dadurch in ihren Unternehmensentscheidungen nachhaltig eingeschränkt werden: Rohstoffzuteilungen, Maschineneinsatz, Energieversorgung, Produktions- und Abgabeverpflichtungen usw. Dies führte in der Konsequenz dazu, dass bis auf kleinere Restbestände in der Landwirtschaft, im Handwerk, in der Gastronomie und im Einzelhandel im Verlaufe der Jahre die Privatwirtschaft eingestellt wurde. Viele Unternehmer und Bauern verließen die SBZ/DDR mitsamt ihrem Know-how. Unter dem zunehmenden Versorgungsdruck der Bevölkerung begann erst ab 1976 eine leichte Trendwende. Kein Betrieb durfte aber auch danach mehr als zehn Beschäftigte einstellen.

*Planwirtschaft*

Um die hohen Reparationsforderungen der Sowjetunion erfüllen, den Wiederaufbau bewerkstelligen und die industrielle Rückständigkeit gegenüber Westdeutschland aufholen zu können, konzentrierte sich die Staatliche Planungskommission in dem Zweijahresplan von 1949 bzw. dem Fünfjahresplan von 1951 vor allem auf den Ausbau der Schwerindustrie und des Maschinenbaus. Konsumgüter wurden als nachrangig eingestuft. Schon das verdeutlicht, dass die Pläne nicht nachfrageorientiert aufgestellt wurden, sondern politischen Zielsetzungen entsprechen mussten, die noch komplizierter wurden, als die DDR im September 1950 Mitglied im Rat für gegenseitige Wirtschaftshilfe (RGW) wurde und Pläne staatsübergreifend zu erstellen waren. Auf der Basis der bis 1952 erfolgten Verstaatlichungen und Kollektivierungen, d. h. der Enteignung der größten privatkapitalistischen Unternehmen und landwirtschaftlichen Güter, wurde von der 2. Parteikonferenz der SED der beschleunigte Aufbau des Sozialismus in Ostdeutschland propagiert. Die Bevölkerung, die nun zunehmend in volkseigenen oder zumindest genossenschaftlichen Betrieben arbeitete, wurde dazu aufgefordert, tatkräftig den Sozialismus mit aufzubauen. Dies geschah

Berlin, 17. Juni 1953. Demonstranten diskutieren mit Panzerbesatzung am Potsdamer Platz. Die Demonstration wird gewaltsam aufgelöst.

*Planerfüllung und Konkurrenz der Wirtschaftssysteme*

vor allem über Normenvorgaben, die im Rahmen der Planerfüllung von den einzelnen Betrieben einzuhalten waren. Nach Adolf Hennecke, einem Bergmann, der am 13. Oktober 1948 nach guter Vorbereitung sein Plansoll in einer Schicht um 387 % übererfüllte, wurden ab 1950 „Helden der Arbeit", die sich beim Aufbau des Sozialismus besonders verdient gemacht hatten, öffentlich ausgezeichnet und geehrt. Trotz dieser Maßnahmen gelang es nicht, den westdeutschen Vorsprung einzuholen, obwohl die Propaganda die Überlegenheit des Sozialismus über den Kapitalismus immer wieder herausstellte. Die zu dieser Zeit noch vielfältigen privaten Kontakte zwischen Bürgern der Besatzungszonen bzw. der Bundesrepublik und der DDR belegten schonungslos die Rückständigkeit der SBZ/DDR-Wirtschaft und der Lebensqualität ihrer Einwohner gegenüber dem Westen. Die stark ansteigende Zahl der „Republikflüchtlinge" verschärfte den Druck auf die Betriebe hinsichtlich der Planerfüllungen. Vor dem Hintergrund der gravierenden wirtschaftlichen Probleme wurde in der vom ZK der SED im Mai 1953 beschlossenen Normerhöhung um 10 % als „Geschenk" für Walter Ulbricht zum 60. Geburtstag in weiten Teilen der Bevölkerung vor allem eine weitere Lohnsenkung gesehen, die die individuelle Versorgungslage weiter verschärfte. In dieser Situation half auch der nach Stalins Tod (5. März 1953) durch die neuen Machthaber in der Sowjetunion von der DDR eingeforderte „Neue Kurs" nicht mehr, die zugespitzte Lage zu entschärfen. Am 16. Juni 1953 formierten sich die ersten Demonstrationszüge in Berlin, protestierten zunächst gegen die Normerhöhung, stellten aber später das gesamte System der DDR infrage.

*Arbeiteraufstand 1953*

Am 17. Juni 1953 war die gesamte DDR von diesem Arbeiteraufstand erfasst, der nur mithilfe der Roten Armee beendet werden konnte. Der Aufstand forderte etwa 70 Todesopfer. Bis zum 5. Oktober wurden knapp 7 700 Personen wegen ihrer Teilnahme an dieser „staatsfeindlichen Aktion" verhaftet, von denen aber nur etwa 1 200 verurteilt wurden – Ausdruck einer durch die Ereignisse doch im Kern erschütterten Politik und Justiz. Kann der Aufstand hunderttausender Menschen in den Betrieben, Städten und auf dem Lande als Indikator für eine im Grunde verfehlte Politik und Misswirtschaft angesehen werden, der insbesondere gegen die SED und damit gegen Walter Ulbricht gerichtet war (dessen Position durch den Tod Stalins ohnehin nicht mehr gesichert war), bleibt festzuhalten, dass gerade Walter Ulbricht als innenpolitischer „Sieger" aus diesem Machtkampf hervorgegangen ist. Innerparteiliche Kritiker wie Rudolf Herrnstadt (Chefredakteur des Neuen Deutschland), Max Fechner (Justizminister), Anton Ackermann (Chefideologe), Wilhelm Zaisser (Minister für Staatssicherheit) und viele andere fielen in Ungnade und wurden ihrer Posten enthoben.

MATERIAL
## 1 Windeln vergessen

*Elli Schmidt, Vorsitzende der Staatlichen Kommission für Handel und Versorgung, zum Gesetz über den Volkswirtschaftsplan 1953 in der Volkskammer* (17.12.1952).

Obwohl es Erfolge in der Erfüllung des Planes 1952 gibt, dürfen wir nicht daran vorübergehen, dass in einigen Ministerien und Staatssekretariaten erhebliche Mängel aufgetreten sind. Es ist notwendig, noch einmal zu betonen, dass jeder einzelne Minister und Staatssekretär für die Erfüllung der im Plan festgelegten Aufgaben vor dem Volke verantwortlich ist. Wir begrüßen daher die Kritik, die an der Arbeit einiger Ministerien geübt wurde. Nicht nur in der Versorgung mit Lebensmitteln, sondern auch besonders in der Versorgung mit Textilien gab es große Mängel. Das Ministerium für Leichtindustrie sollte ebenfalls selbstkritisch zu den Fehlern, die in diesem Jahr gemacht wurden, Stellung nehmen und lernen, diese im kommenden Jahr nicht zu wiederholen. Wir Mütter müssen unserem Ministerium für Leichtindustrie bittere Vorwürfe darüber machen, dass vergessen wurde, Stoffe produzieren zu lassen, die für die Herstellung einer preiswerten Kinderkonfektion geeignet sind. Sicher hat der Minister für Leichtindustrie keine Kinder; (Heiterkeit) denn sonst könnte er in der Sorge um unsere Jüngsten, um unseren Nachwuchs nicht vergessen, dass sie Strümpfe, Windeln, Babywäsche, Hosen, Kleider und Mäntel brauchen, und zwar der Jahreszeit angepasst! (Sehr richtig) Im Winter brauchen unsere Kinder keine Sandalen, die es jetzt und nicht im Sommer zu kaufen gibt. Im Winter brauchen unsere Kinder keine Kniestrümpfe, die man jetzt haben kann, während sie im Sommer fehlten. Unsere Frauen sind in die Heiligenstädter Strumpfwarenfabrik gegangen, und sie mussten dort mit eigenen Augen sehen, dass dort zurzeit in rauen Mengen Kniestrümpfe und keine langen warmen Strümpfe produziert werden. Die Frauen verlangten eigenmächtig, dass die Produktion von Kniestrümpfen auf lange Strümpfe umgestellt wird. Wir begrüßen die Initiative unserer Frauen. Aber das müsste wohl die Aufgabe des Ministeriums für Leichtindustrie sein. Wir sind geradezu empört über die Behandlung unserer Kleinsten, der Neugeborenen, für die keine Windeln zu haben sind. Als unsere Frauen zum Beispiel in Weimar sehr ernst die Frage der Beschaffung von Windeln stellten, antwortete ihnen der Leiter der HO-Industriewaren namens Schmidt, dass die Baumwolle für die Produktion von Windeln nicht ausreicht, weil man ja auch Gardinen benötige. (Heiterkeit) Unsere Frauen antworteten sehr richtig, dass man die Säuglinge nicht in Gardinen einwickeln kann. Es kommt darauf an, die Produktion von Windeln und Gardinen richtig zu lösen, und wir haben ja von Herrn Abgeordneten Fred Oelßner gehört, dass der Plan für Gardinen übererfüllt worden ist. Es ist unverständlich, wie man die Produktion von Windeln vergessen kann. [...]

zit. nach: www.17juni53.de/chronik/5212_1.html (27. Januar 2009); Protokolle der Volkskammer der Deutschen Demokratischen Republik 1952, S. 807 f.

*17. Juni 1953, Berlin, 17.00 Uhr: Aus Wut zerstörter HO-Laden.*

MATERIAL

## „Ungünstige Lage in der DDR" 2

*In der Sowjetunion wird nach dem Tod Stalins die politische und wirtschaftliche Situation der DDR als äußerst problematisch eingestuft. Der Ministerrat der UdSSR fordert von den politisch Verantwortlichen in der DDR Ende Mai 1953 einen Kurswechsel ein. Semjonow, Sowjetberater des DDR-Ministerrates, fasste am 9. Juni 1953 die angespannte Lage in der Formulierung gegenüber dem Chefredakteur des Neuen Deutschland, Rudolf Herrnstadt, zusammen: „In vierzehn Tagen werden Sie vielleicht schon keinen Staat mehr haben."*

### a) Entwurf, streng geheim
### Beschluss des Ministerrates der UdSSR: Über die Lage in der DDR

Der Ministerrat sieht es als notwendig an, eine Reihe von Maßnahmen zur Verbesserung der äußerst ungünstigen politischen und wirtschaftlichen Lage in der Deutschen Demokratischen Republik zu ergreifen, die ihren stärksten Ausdruck in der Massenflucht der Bevölkerung nach Westdeutschland findet.

Die Hauptursache der ungünstigen Lage in der DDR besteht in dem unter den gegenwärtigen Bedingungen falschen Kurs auf den forcierten Aufbau des Sozialismus in der DDR.

Das findet seinen Ausdruck in den Versuchen der deutschen Freunde, den beschleunigten Aufbau des Sozialismus in der DDR zu dekretieren, das Verdrängen und die Liquidierung der kapitalistischen Elemente in Stadt und Land durch direkten oder indirekten ökonomischen, administrativen oder anderen Druck auf die nichtwerktätigen Schichten zu forcieren, sowie darin, dass in der DDR ein extrem hohes Tempo beim Wachstum der nationalen Industrie eingeschlagen und unangemessen große Investitionen vorgenommen werden. Eine solche verfehlte Politik führte zur Verschlechterung der Versorgung der Bevölkerung der Republik mit Lebensmitteln, Industriewaren, Heizmaterial und Elektroenergie.

Auf dem Lande drückten sich diese Fehler im Versuch aus, die Schaffung von Produktionsgenossenschaften (Kolchosen) künstlich zu forcieren, durch eine weitere Erhöhung der ohnedies schon harten Ablieferungspflichten bei landwirtschaftlichen Produkten, insbesondere für die wohlhabenden Schichten unter der dörflichen Bevölkerung, faktisch eine Entkulakisierung durchzuführen sowie in einer breiten Anwendung administrativer und gerichtlicher Maßnahmen zum Eintreiben der Rückstände bei Steuerzahlungen, Abgaben u. a.

Es muss festgestellt werden, dass von sowjetischer Seite, wie nun zu sehen ist, seinerzeit falsche Orientierungen zu Fragen der kurzfristigen Entwicklung der DDR gegeben wurden.

Ausgehend vom Dargelegten beschließt der Ministerrat der UdSSR:

Empfehlungen für die deutschen Freunde:

1. Derzeit ist Abstand zu nehmen vom Kurs auf den forcierten Aufbau des Sozialismus.
2. Es ist Abstand zu nehmen vom Kurs auf die Schaffung von Produktionsgenossenschaften (Kolchosen) auf dem Lande [...]
3. Die im Fünfjahrplan vorgesehenen, extrem angespannten Pläne der volkswirtschaftlichen Entwicklung der DDR sind in Richtung einer Reduzierung zu revidieren.

Einige für die Wirtschaft der DDR weniger wichtige Aufbau-Objekte, die große Investitionen erfordern und in nächster Zeit keinen bedeutenden Effekt bringen, sowie solche Aufbau-Objekte, die nicht mit den nötigen Ausrüstungen und Rohstoffen ausgestattet werden können, sind stillzulegen und zu konservieren.

4. Sofort sind die nötigen Maßnahmen auszuarbeiten, die eine Steigerung der Produktion von Waren des täglichen Bedarfs und die Abschaffung des Kartensystems für Konsumgüter garantieren, wobei eine Verbesserung der Versorgung der Bevölkerung in den nächsten Monaten zu erreichen ist. Die bedeutende Rolle des Handwerks bei der Produktion von Waren des täglichen Bedarfs in Rechnung stellend, sind Maßnahmen zur Belebung und Entwicklung der handwerklichen Produktion zu ergreifen, indem die Bereitstellung von Rohstoffen, Elektroenergie und notwendigen Krediten für Handwerker sowie kleine und mittlere Unternehmer wieder aufgenommen wird.
5. Zu überprüfen sind die von der DDR-Regierung unlängst ergriffenen, unzulässig hastigen Maßnahmen zur Verdrängung und Begrenzung kapitalistischer Elemente in Industrie, Handel und

Landwirtschaft, mit dem Ziel, diese Maßnahmen im Grunde zurückzunehmen. [...]

zit. nach: Elke Scherstjanoi, Die sowjetische Deutschlandpolitik nach Stalins Tod 1953, in: Vierteljahreshefte für Zeitgeschichte, 46. Jg., Heft 3, München 1998, S. 497–549, S. 543f.

*b) In einem Zeitungsartikel wird der Beschluss des Ministerrats der DDR zum „Neuen Kurs" veröffentlicht. Die von der Sowjetunion geforderten Maßnahmen werden dabei weitgehend umgesetzt, d.h., frühere politische Entscheidungen zurückgenommen, nicht aber die Normerhöhung um 10%.*

Der Ministerrat hat in seiner Sitzung vom 11. Juni 1953 eine Anzahl von Maßnahmen beschlossen, durch welche die auf den verschiedensten Gebieten begangenen Fehler der Regierung und der staatlichen Verwaltungsorgane korrigiert werden. Durch die jetzt vom Ministerrat beschlossenen Maßnahmen wird die Verbesserung der Lebenshaltung der Arbeiter und der Intelligenz, der Bauern und Handwerker und der übrigen Schichten des Mittelstandes eingeleitet. Bei der Begründung der entsprechenden Verordnungen und Beschlüsse ging der Ministerpräsident von den verschiedenen Maßnahmen in der Vergangenheit aus, die sich als fehlerhaft erwiesen haben. Der Ministerpräsident führte diese Fehler, wie sie zum Beispiel bei der Lebensmittelkartenversorgung, bei Erfassungsmaßnahmen, bei der Steuererhebung und bei anderen Maßnahmen begangen wurden, darauf zurück, dass erhebliche Mittel im Staatshaushalt für Aufwendungen in Betracht gezogen wurden, die nicht im Fünfjahrplan vorgesehen waren. Außerdem wurden für das nächste Planjahr vorgesehene Aufgaben zum Teil in das Planjahr 1953 einbezogen und bestimmte Teile des Fünfjahrplans wurden zugunsten der Entwicklung der Schwerindustrie zu früh von 1955 auf 1952 und 1953 verlagert.

Die dadurch entstandene und durch Rückstände in der vorjährigen Ernte sowie durch Ablieferungsrückstände verschärfte Lage versuchte die Regierung in der zurückliegenden Zeit durch eine Anzahl von Maßnahmen zu meistern, die sich in ihrer Wirkung als falsch erwiesen haben.

„Die unverzügliche Korrektur der entsprechenden Verordnungen", erklärte der Ministerpräsident, „wird zur Verbesserung der Lebenshaltung unserer Bevölkerung führen und die Verbundenheit der Bevölkerung mit der Regierung stärken und festigen. Eine solche Politik unserer Regierung entspricht zugleich dem Grundinteresse der Annäherung und Verständigung aller deutschen Patrioten im Kampfe für die Einheit Deutschlands und den Frieden."

In einer gründlichen Aussprache [...] wurden die durch den Ministerpräsidenten erfolgte Klarstellung der begangenen Fehler anerkannt und die von ihm begründeten neuen Beschlüsse allseitig unterstützt. Der Ministerrat erteilte diesen Beschlüssen seine Zustimmung. Durch diese Beschlüsse wird ein aus den gegenwärtigen Engpässen herausführender Entwicklungsprozess eingeleitet. In der nächsten Zeit werden Veränderungen des Fünfjahrplans durchgeführt werden, welche die weitere Verbesserung der Lebenslage ermöglichen. [...]

aus: Neues Deutschland, 12. Juni 1953, S. 1.

*c) Lebensmittelkarte aus der DDR von 1953. In diesem Fall handelt es sich um eine Sonderzusatzkarte für Milch und Butter. Lebensmittelkarten gab es in der DDR bis 1958.*

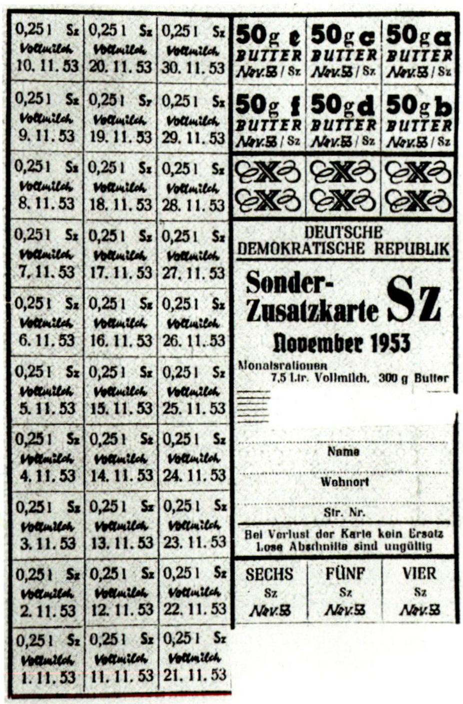

| | | | | | |
|---|---|---|---|---|---|
| 0,25 l Sz Vollmilch 10. 11. 53 | 0,25 l Sz Vollmilch 20. 11. 53 | 0,25 l Sz Vollmilch 30. 11. 53 | 50 g e BUTTER Nov.53 / Sz | 50 g c BUTTER Nov.53 / Sz | 50 g a BUTTER Nov.53 / Sz |
| 0,25 l Sz Vollmilch 9. 11. 53 | 0,25 l Sz Vollmilch 19. 11. 53 | 0,25 l Sz Vollmilch 29. 11. 53 | 50 g f BUTTER Nov.53 / Sz | 50 g d BUTTER Nov.53 / Sz | 50 g b BUTTER Nov.53 / Sz |
| 0,25 l Sz Vollmilch 8. 11. 53 | 0,25 l Sz Vollmilch 18. 11. 53 | 0,25 l Sz Vollmilch 28. 11. 53 | | | |
| 0,25 l Sz Vollmilch 7. 11. 53 | 0,25 l Sz Vollmilch 17. 11. 53 | 0,25 l Sz Vollmilch 27. 11. 53 | | | |
| 0,25 l Sz Vollmilch 6. 11. 53 | 0,25 l Sz Vollmilch 16. 11. 53 | 0,25 l Sz Vollmilch 26. 11. 53 | | | |
| 0,25 l Sz Vollmilch 5. 11. 53 | 0,25 l Sz Vollmilch 15. 11. 53 | 0,25 l Sz Vollmilch 25. 11. 53 | | | |
| 0,25 l Sz Vollmilch 4. 11. 53 | 0,25 l Sz Vollmilch 14. 11. 53 | 0,25 l Sz Vollmilch 24. 11. 53 | | | |
| 0,25 l Sz Vollmilch 3. 11. 53 | 0,25 l Sz Vollmilch 13. 11. 53 | 0,25 l Sz Vollmilch 23. 11. 53 | | | |
| 0,25 l Sz Vollmilch 2. 11. 53 | 0,25 l Sz Vollmilch 12. 11. 53 | 0,25 l Sz Vollmilch 22. 11. 53 | SECHS Sz Nov.53 | FÜNF Sz Nov.53 | VIER Sz Nov.53 |
| 0,25 l Sz Vollmilch 1. 11. 53 | 0,25 l Sz Vollmilch 11. 11. 53 | 0,25 l Sz Vollmilch 21. 11. 53 | | | |

DEUTSCHE DEMOKRATISCHE REPUBLIK
Sonder-Zusatzkarte Sz
November 1953
Monatsrationen 7,5 Ltr. Vollmilch, 300 g Butter
Name
Wohnort
Str. Nr.
Bei Verlust der Karte kein Ersatz. Lose Abschnitte sind ungültig

MATERIAL

## Der 17. Juni 1953 in der DDR 3

*In über 400 Orten der DDR beteiligten sich mehr als eine halbe Million Menschen an dem Aufstand, der von offizieller Seite als „von faschistischen Saboteuren aus dem Westen gesteuert" dargestellt wurde. Die Verhängung des Ausnahmezustandes in den meisten Städten durch die sowjetischen Stadtkommandanten und die Niederschlagung des Aufstandes durch den Einsatz bewaffneter Truppen der Roten Armee verhinderte weitergehende politische Veränderungen (Wiedervereinigung). Die Forderungen der Demonstranten nach Rücknahme der Normerhöhung mündeten in die Forderungen nach freien Wahlen. Für das DDR-Regime stellte der 17. Juni 1953 ein Trauma dar, das alle weiteren politischen Maßnahmen bis zum Ende der DDR maßgeblich bestimmte.*

MATERIAL

## 4 Berlin geht wieder an die Arbeit

*Während sich die Regierung der DDR bemühte, im Sinne des „Neuen Kurses" Verbesserungen in der Versorgungslage für die Bevölkerung zu erzielen und die angekündigten Schritte, wie z. B. Straffreiheit und Rückerstattung des Besitzes für rückkehrende „Republikflüchtlinge", Kreditgewährung für Privatunternehmer usw., umzusetzen, und damit die eigentlich relevanten Ursachen des Aufstandes aufgriff, wurden in der Öffentlichkeit andere Gründe für die Ereignisse des 17. Juni propagiert.*

*a) „Berlin geht wieder an die Arbeit. – Die Werktätigen verurteilen die faschistischen Provokationen."*

Die Bevölkerung Berlins verurteilt ausnahmslos die verbrecherischen Provokationen der Westberliner Schläger. Vor allem auch die Arbeiter, die an den Demonstrationen teilnahmen, rücken entschieden von den Terrorakten ab. Ein Teil von ihnen bringt in Diskussionen ihre Scham zum Ausdruck, dass sie sich von amerikanischen Agenten gegen die Interessen Deutschlands und des Friedens missbrauchen ließen.
Aus der Republik erhalten wir laufend Meldungen über Protestkundgebungen und Protestentschließungen aus Großbetrieben, so z. B. aus dem Kombinat Böhlen, in denen die Werktätigen die faschistischen Umtriebe und ihre Urheber voller Abscheu verurteilen. Durch Sonderschichten bekunden Brigaden in zahlreichen Betrieben der Republik ihr Vertrauen zur Regierung der Deutschen Demokratischen Republik und ihren neuesten Beschlüssen.
Nachdem die von faschistischen Westberliner Agenten im demokratischen Sektor von Berlin organisierten Provokationen, Terror- und Plünderungsaktionen am Mittwochabend zusammengebrochen waren, begann sich das Leben im demokratischen Sektor Berlins bereits in den frühen Morgenstunden des Donnerstag wieder zu normalisieren. In allen Betrieben hatten sich zu Arbeitsbeginn die Mehrzahl der Belegschaften zur Arbeit eingefunden. Ebenfalls begannen nach längeren Diskussionen verschiedene Brigaden von den Baustellen an der Stalinallee wieder zu arbeiten. [...]

aus: Neues Deutschland, 19. Juni 1953, S. 1.

*b) In einem geheimen Bericht des Leiters der Abteilung für politische Fragen der DDR beim Hohen Kommissar der UdSSR in Deutschland, A. L. Orlow, wurden u. a. die juristischen Folgen vorgestellt.*

*Bericht über die politische und wirtschaftliche Lage der DDR im 3. Quartal 1953 (19. November 1953)*

[...] Wegen Verdachts der Organisation und der Teilnahme an provokatorischen Aktivitäten wurden insgesamt 7663 Personen festgenommen. 4393 Personen – 57 Prozent – wurden wegen fehlender Begründung für die Festnahme bzw. deswegen wieder freigelassen, weil ihre strafrechtliche Verfolgung für unangebracht befunden worden war. Bei den Organen der Staatsanwaltschaft waren Akten über 3060 Personen eingegangen, davon wurden die Verfahren gegen 1193 Personen wegen mangelnder Begründung für strafrechtliche Belangung wieder eingestellt. Die Gerichtsorgane haben von den 1791 strafrechtlich belangten Personen 482 Personen, also 26,9 Prozent, freigesprochen bzw. die gegen sie angestrengten Verfahren eingestellt.
Insgesamt sind zum 5. Oktober durch Gerichte der DDR 1240 Teilnehmer der Provokationen verurteilt worden, darunter:

| | | | |
|---|---|---|---|
| Arbeiter | 1090 | Mitglieder der SED | 59 |
| Unternehmer | 70 | Mitglieder der LDP | 21 |
| Bauern | 46 | Mitglieder der CDU | 22 |
| Großbauern | 15 | Mitglieder der NDPD | 16 |
| Sonstige | 90 | Mitglieder der DBD | 17 |
| | | Mitglieder der FDJ | 197 |

Unter den verurteilten Organisatoren und Anstiftern der Provokationen sind 138 ehemalige Mitglieder nazistischer Organisationen und 23 Einwohner West-Berlins. [...]

zit. nach: Jan Foitzik, Berichte des Hohen Kommissars der UdSSR in Deutschland aus den Jahren 1953/54. Dokumente aus dem Archiv für Außenpolitik der Russischen Föderation, in: Deutscher Bundestag/Enquete-Kommission „Aufarbeitung von Geschichte und Folgen der SED-Diktatur in Deutschland" (Hrsg.), Machtstrukturen und Entscheidungsmechanismen im SED-Staat und die Frage der Verantwortung, Band II/2, Baden-Baden 1995, S. 1350–1541, S. 1375.

MATERIAL

## „Faschistischer Putschversuch“ 5

*Wilhelm Pieck, Präsident der Deutschen Demokratischen Republik, befand sich während des 17. Juni in der Sowjetunion zur Kur. Er wandte sich mit folgendem Telegramm am 27. Juni an die Bevölkerung.*

*Wilhelm Pieck, Juni 1953 während seines Aufenthaltes in der UdSSR.*

Liebe Freunde und Genossen!

Aus vielen Telegrammen und Berichten habe ich mich in diesen Tagen über die Vorkommnisse in der Deutschen Demokratischen Republik informiert.

Ich danke allen für das vorbildliche Verhalten gegenüber dem faschistischen Putschversuch, der sich gegen die Werktätigen der Deutschen Demokratischen Republik und ihre Regierung richtete. In diesen Tagen bin ich in Gedanken mit tiefster Teilnahme und inniger Verbundenheit bei allen Werktätigen und friedlichen Menschen der Deutschen Demokratischen Republik. Provokateure und Agenten versuchten, eine unter den Werktätigen vorhandene Missstimmung zu missbrauchen, um einen hinterhältigen Schlag gegen die Einheit Deutschlands und den Frieden Europas zu führen. Das ist nicht gelungen. Dank der Standhaftigkeit der Mehrheit der Werktätigen und dank der Hilfe unserer sowjetischen Freunde ist der Brandfunke des Krieges, der von ausländischen Kriegstreibern und ihren westdeutschen großkapitalistischen Helfershelfern in die Deutsche Demokratische Republik geschleudert wurde, schnell und energisch ausgetreten worden. Mein Dank gilt allen, die sich dabei heldenmütig und unerschrocken beteiligt und ihre große nationale Verantwortung gegenüber dem ganzen Volk und unserem Vaterlande gezeigt haben.

Die von der Führung der sozialistischen Einheitspartei Deutschlands zur Beseitigung begangener Fehler am 9. Juni vorgeschlagenen Maßnahmen, die erneut bekundeten, dass die Interessen des werktätigen Volkes von unserer Partei gewahrt werden, sind vorher durch Vertreter des Politbüros mit mir beraten und von mir gebilligt worden. Sie haben eine neue Etappe in der Entwicklung der Deutschen Demokratischen Republik eingeleitet, in deren Verlauf der Lebensstandard aller Schichten der Bevölkerung gehoben, unsere demokratische Staatsmacht gefestigt und tief mit der Arbeiterschaft und der gesamten Bevölkerung verwurzelt wird.

Es kommt jetzt allen Schwierigkeiten und Hindernissen zum Trotz darauf an, dass die gesamte Bevölkerung sich eng um unsere Regierung zusammenschließt, den neuen Kurs der Regierung und Partei mit aller Kraft und mit vollem Vertrauen durchführt und damit zugleich den Kriegsprovokationen aller Art auf deutschem Boden für immer ein Ende bereitet.

Damit dienen wir am besten der friedlichen Verständigung der Deutschen untereinander, der Wiederherstellung der Einheit Deutschlands und dem Frieden.

In der festen Überzeugung, dass die gesamte Bevölkerung ihre ganze Kraft für die Verwirklichung dieser Ziele einsetzt, sende ich allen meine herzlichsten Grüße.

gez. Wilhelm Pieck

zit. nach: www.17juni53.de/chronik/530627/doc_2.html (21. November 2008).

MATERIAL

## 6 Die Lösung

*Bertolt Brecht, der ein durchaus ambivalentes Verhältnis zur DDR bzw. SED hatte, verarbeitete den 17. Juni u. a. in Form eines Gedichtes, das aber erst nach seinem Tod publiziert wurde.*

**Die Lösung**

Nach dem Aufstand des 17. Juni
Ließ der Sekretär des Schriftstellerverbands[1]
In der Stalinallee Flugblätter verteilen
Auf denen zu lesen war, daß das Volk
Das Vertrauen der Regierung verscherzt habe
Und es nur durch doppelte Arbeit
Zurückerobern könne. Wäre es da
Nicht doch einfacher, die Regierung
Löste das Volk auf und
Wählte ein anderes?

[1] Kurt Barthel (genannt: Kuba), Mitglied des ZK der SED, sprach am 28. Juni mit Bauarbeitern auf der Stalinallee, von wo der Aufstand am 16. Juni seinen Ausgang genommen hatte, nachdem er bereits in einem Artikel des Neuen Deutschland am 20. Juni eindeutig gegen die Bauarbeiter Position bezogen hatte.

*Bertolt Brecht mit seiner Frau Helene Weigel am 1. Mai 1957.*

Bertolt Brecht, Die Gedichte in einem Band, Frankfurt am Main (Suhrkamp) 1981, S. 1009 f.

1. Veranschaulichen Sie anhand des konkreten Beispiels zur Versorgung der Bevölkerung mit Textilien die mit der staatlichen Planwirtschaft und Lenkung einhergehenden Probleme. (M 1)
2. Beurteilen Sie die Wirkung des „Neuen Kurses" auf die Parteimitglieder der SED, auf die unterschiedlichen Schichten der Bevölkerung und auf die konkreten Veränderungen der Lebensumstände in der DDR. (M 2 a/b)
3. Überprüfen Sie, ausgehend von der Karte (M 3), ob die Bezeichnung „Volksaufstand", „Arbeiteraufstand", „faschistische Provokation" oder „gescheiterte Revolution" angemessen ist.
4. Vergleichen Sie die Ausführungen des Neuen Deutschland (M 4 a) mit den Ergebnissen der gerichtlichen Aufarbeitung des 17. Juni. (M 4 b)
5. Setzen Sie sich mit der Position Piecks auseinander und erläutern Sie, wieso der Aufstand am 17. Juni die deutsche Einheit gefährden sollte. (M 5) [Zu Ihrer Information: Bis zur Wiedervereinigung wurde der 17. Juni in der Bundesrepublik als „Tag der deutschen Einheit" als arbeitsfreier Feiertag begangen.]
6. Beschreiben Sie, ausgehend von Brechts Gedicht (M 6), das Verhältnis zwischen Staat/Partei und Bevölkerung im „Arbeiter-und-Bauern-Staat" – auch unter Zuhilfenahme anderer Materialien.

## 1.3 Die Berliner Mauer – Stabilisierung oder Bankrotterklärung eines Systems?

*Lager für DDR-Flüchtlinge in den 50er-Jahren in Berlin Charlottenburg.*

Mit dem Ende des Zweiten Weltkrieges und dem Sieg über Hitler-Deutschland endete im Kern auch die Zusammenarbeit der Alliierten in der Anti-Hitler-Koalition. Die ideologischen Gegensätze schlugen sich unmittelbar in unterschiedlichen Vorgehensweisen in den Besatzungszonen nieder. Wurde in den Westzonen das kapitalistische Wirtschaftssystem, trotz grundlegender Bedenken selbst in Reihen der neugegründeten CDU, seiner kriegsbedingten Fesseln entledigt und ein Demokratiemodell nach westlichem Vorbild geschaffen, ergriffen die Sowjets und die von ihnen gesteuerte KPD/SED die Möglichkeit, in der SBZ ein sozialistisches Wirtschafts- und Gesellschaftssystem nach sowjetischem Vorbild zu etablieren. Bei Gründung der beiden deutschen Staaten 1949 waren die Unterschiede schon so gravierend, dass an eine baldige Wiedervereinigung nicht zu denken war, selbst wenn alle führenden Politiker auf beiden Seiten dies als oberstes Ziel ihrer Bemühungen vorgaben.

**Blockbildung**

Die immer stärkere Verankerung beider Staaten in den jeweils prägenden Blöcken, EWG und NATO auf bundesdeutscher Seite, RGW und Warschauer Pakt aufseiten der DDR, verschärfte das Auseinanderdriften dies- und jenseits des „Eisernen Vorhangs". Der „Kalte Krieg", der seit 1950 mit dem Korea-Krieg schon wieder ein heißer wurde, führte in seiner Konsequenz u. a. zu einem Systemwettbewerb, aus dem sich das überlegene Modell herauskristallisieren müsste. Der DDR kam in diesem Kampf der Systeme in der Strategie der Sowjetunion eine besondere Rolle zu, die zu einer weit massiveren Unterstützung der DDR-Wirtschaft führte, als andere osteuropäische Staaten dies von der Sowjetunion erwarten und erhalten konnten, was im Übrigen die Position der DDR innerhalb des Ostblocks nicht erleichterte. Gerade die DDR, die im Vergleich zu den anderen Staaten des RGW aufgrund ihrer Wirtschaftsstruktur

*Plakat (im Westsektor) mit dem Ulbricht-Interview am 15. Juni 1961 im Neuen Deutschland.*

*Ein 19-jähriger Grenzsoldat (Conrad Schumann) flieht am 15. August 1961 an der Bernauer Straße.*

die besseren Startbedingungen hatte, musste die Überlegenheit gegenüber dem Westen und Westdeutschland demonstrieren. Wenn nicht sie es schaffte, welcher Staat dann? Wenn sie es schaffte, wovon man selbstverständlich in Moskau und Ostberlin ausging, würde sie für die westdeutsche Bevölkerung so attraktiv, dass eine Wiedervereinigung unter sozialistischem Vorzeichen in Betracht käme. Der Zusammenbruch des kapitalistischen Westens wäre dann nur noch eine Frage der Zeit, da natürlich auch andere Weststaaten sich dem Erfolgsmodell anschlössen.

*Theorie und Praxis*

In der Realität zeigte sich, dass Theorie und Praxis weit auseinanderklafften. Nicht erst der 17. Juni 1953 widerlegte die Vorstellung von der Überlegenheit des sozialistischen Modells der DDR. Die weitere Entwicklung im Ostblock nach dem Tode Stalins 1953 machte deutlich, dass auch andere Staaten eher einen von der Sowjetunion unabhängigeren Kurs fahren wollten. So kam es 1956 in Polen und Ungarn zu Aufständen, die ebenfalls nur mithilfe des Militärs niedergeschlagen werden konnten. Für die DDR, und das machte sie im osteuropäischen Kontext einzigartig, kamen strukturelle Schwierigkeiten ganz anderer Art hinzu. Sie war Teil einer Nation, deren anderer Teil dem prosperierenden Westen angehörte. Gleiche Sprache, gleiche Geschichte, gleiche Kultur, vielfältigste Verwandtschafts- und Freundschaftsbeziehungen verbanden die Bevölkerung in Ost und West und führten zu intensiven Kontakten per Post und durch gegenseitige Besuche, die auch für normale DDR-Bürger bis 1957 im Prinzip möglich waren. Die Existenz Westberlins sorgte überdies dafür, dass u. a. über den Rundfunk und das Fernsehen zwischen der Bundesrepublik und Westberlin nahezu die gesamte Bevölkerung der DDR praktisch jederzeit über die Lage in der Bundesrepublik umfassend informiert war. Das andere Wirtschafts- und Gesellschaftsmodell wirkte bis in die Wohnzimmer der DDR hinein. Aus diesen vielfältigen Kontakten mit dem Westen resultierten Pull- und Push-Faktoren für eine massenhafte Flucht aus der DDR.

*Flucht aus der DDR*

Bis Mai 1952 war eine Flucht über die Grenze in die Bundesrepublik noch möglich, weil die Demarkationslinie zwar gesichert, aber nicht unüberwindlich war. Danach gab es eine gefahrlose Flucht nur noch über Berlin, da die Sektorengrenze zwischen

*Bernauer Straße am 17. August 1961: Die Bevölkerung flieht.*

*Brandenburger Tor im November 1961: Ausbau der Mauer.*

den westalliierten Zonen und der sowjetischen Zone nicht abgeriegelt war. So arbeiteten z. B. Ostberliner weiterhin in Betrieben, die in den Westsektoren lagen, und umgekehrt. Die Infrastruktur, Kanalisation, Energie, U-Bahn, S-Bahn usw., war noch gesamtstädtisch ausgelegt. Mehr als 2,5 Millionen Bürger kehrten dem Arbeiter-und-Bauern-Staat bis zum Sommer 1961 den Rücken. Dies bedeutete für die DDR einen enormen Aderlass, da überwiegend gut ausgebildete junge Facharbeiter, Ärzte, Juristen, Lehrer, Unternehmer usw. das Land verließen.

*Berlin-Ultimatum und Mauerbau*

Das Interesse der DDR und der Sowjetunion musste also darin bestehen, die Fluchtanlässe zu beseitigen. Da dies über eine grundlegende Verbesserung der Lebenssituation in der DDR nicht schnell zu bewerkstelligen war, wurde der Versuch unternommen, über eine friedensvertragliche Regelung mit der Bundesrepublik und den Alliierten die Lage zu stabilisieren. Mit dem sogenannten Berlin-Ultimatum reagierte Chruschtschow, der neue Partei- und Regierungschef in der Sowjetunion, 1958 auf die negativen Reaktionen des Westens. Berlin sollte danach als Freie Stadt neutralisiert und die Zufahrtwege von der DDR kontrolliert werden. Da die Westalliierten ihrerseits auf ihrem Status beharrten und dem sowjetischen Druck nicht nachgaben, blieb zunächst alles beim Alten. Die Verschärfung der Situation im Jahr 1961 – im ersten Halbjahr hatten bereits über 150 000 Menschen die DDR verlassen – führte dazu, dass die DDR bei ihren Verbündeten die Zustimmung dafür bekam, das Schlupfloch Westberlin zu stopfen. Am 13. August wurden die Grenze zwischen der DDR und Westberlin sowie die Grenze zwischen den Westsektoren und Ostberlin, insgesamt ca. 160 km, hermetisch abgeriegelt und nur noch wenige offizielle Grenzübergänge offengehalten. Wenn auch an diesem Tag noch nicht „die Mauer" errichtet wurde, ging er doch als Tag des Mauerbaus in die Geschichte ein.

*Konsequenzen*

Die Konsequenzen für Berlin waren dramatisch. Für die Bevölkerung bedeutete es, dass weitere Familien- und Freundschaftsbeziehungen abgeschnitten wurden. Für die DDR ergab sich u. a. das Problem, wie man der eigenen Bevölkerung gegenüber diese Maßnahme glaubhaft als Sieg des Sozialismus verkaufen konnte. In der Propaganda wurde dafür der Begriff „antifaschistischer Schutzwall" geprägt. Nicht erklären konnte dieser Begriff, warum es nur von Ost nach West Versuche gab, diese Grenze zu überwinden, und warum Minenfelder und Selbstschussanlagen sich ausschließlich gegen die eigene Bevölkerung richteten.

MATERIAL
## 1 Die Mauer in Berlin

*Die Mauer in Berlin, links: am Brandenburger Tor, vom Reichstag aus gesehen, rechts die Bernauer Straße. Die Grenzanlagen bestanden insgesamt aus 870 km Grenzzaun (allein um Berlin 160 km), dazu kamen auf 440 km Selbstschussanlagen und 230 km Minenfelder, 602 km Kfz-Sperrgräben und 434 Beobachtungstürme.*

*Die Kosten werden auf 500 Mio. Mark jährlich geschätzt. Hinzu kommen die Passkontrollen durch das MfS. Zur Grenzsicherung standen bis Mitte der 80er-Jahre ca. 40 000 Grenzsoldaten bereit, die Grenzübertritte mit der Schusswaffe zu verhindern hatten.*

MATERIAL
## 2 „Republikflucht"

*Die Berliner Zeitung schrieb am 11. Dezember 1957:*

Die Republikflucht ist nicht nur Verrat, sie ist auch eine Dummheit. Welcher intelligente Mensch verlässt die stärkeren Bataillone! Die Haupterkenntnis der Beratungen der kommunistischen Parteien zum 40. Revolutionstag in Moskau [16.–19. November 1957] war die, dass wir heute an der zweiten historischen Wende stehen, nämlich da, wo die Kräfte des sozialistischen Lagers zum ersten Male die des kapitalistischen Restteils der Welt übertreffen. Die sowjetischen Himmelskörper sind Symbol und Beweis dieser Gewichtsverlagerung, die sich von nun an immer schneller vollziehen wird. Diese Gewichtsverlagerung wird noch unterstrichen durch [...] die unzweideutigen Krisenzeichen der USA-Wirtschaft, die auch vor Westeuropa nicht halt machen. Wer heute die DDR verlässt, begibt sich aus der sozialen Sicherheit in die Unsicherheit, er begibt sich in die Krise, die so sicher kommt wie das Amen in der Kirche. Wie viele werden im erbarmungslosen Existenzkampf drüben erst begreifen, was sie mit ihrem sicheren Arbeitsplatz ihres volkseigenen Betriebes verloren haben. Wir werden auch in Zukunft aufnehmen, wer zurück will, wie wir jedem, der eine Schuld auf sich geladen hat, den Weg in unsere Gemeinschaft nicht verschließen, aber sie werden sich die Ehre, im ersten deutschen Arbeiter-und-Bauern-Staat leben und arbeiten zu dürfen, erst wiedererringen müssen. Die Volkskammer wird dazu heute noch ein Wort zu sagen haben, sie wird vor allem die Mittel und Wege finden müssen, wie die schamlosen Abwerber die ganze Schärfe des Gesetzes trifft.
Und schließlich noch ein Wort: Wie viel innere Kämpfe mögen sich in den Herzen mancher Menschen abgespielt haben, bevor sie sich dazu entschlossen, ihren Arbeitsplatz, ihre Kollegen rechts und links, die Heimat zu verlassen. Ist das so

leicht? Können wir uns von der Schuld freisprechen, manche in diesem Kampf allein gelassen zu haben, ihnen nicht die leuchtende Perspektive dieses Jahrhunderts, die wissenschaftlichen und sozialen Triumphe des Sozialismus gezeigt zu haben? Wer diese Perspektive begreift, schätzt sich glücklich, dabei sein zu dürfen. Er verlässt nicht den ersten deutschen Staat des Friedens.

Berliner Zeitung, 11. Dezember 1957; aus: Hermann Weber (Hrsg.), DDR-Dokumente zur Geschichte der Deutschen Demokratischen Republik 1945–1985, München (dtv) 1986, S. 232 f.

MATERIAL 3

## Flüchtlinge aus der SBZ / DDR

| Jahr | Flüchtlinge | Jahr | Flüchtlinge | Jahr | Flüchtlinge | Jahr | Flüchtlinge |
|---|---|---|---|---|---|---|---|
| 1949 | 125 245 | 1953 | 331 390 | 1957 | 261 622 | 1961 | 155 402 |
| 1950 | 197 788 | 1954 | 184 198 | 1958 | 204 092 | | |
| 1951 | 165 648 | 1955 | 252 870 | 1959 | 143 917 | | |
| 1952 | 182 393 | 1956 | 279 189 | 1960 | 199 188 | | |

zusammengest. nach: Wolfgang Benz u. a., Deutschland seit 1945 – Entwicklungen in der Bundesrepublik und der DDR, München (Verlag Moos & Partner) 1990, S. 21 ff.

MATERIAL 4

## Bericht eines DDR-Flüchtlings, 10. April 1961

Ich fuhr am 6. Mai 1960 zum Todestag meiner Schwiegermutter nach Berlin-Schöneberg. Als ich zurückkam, bekam ich ein Parteiverfahren.

Das Parteiverfahren wurde mündlich durchgeführt. Ich erhielt eine Rüge und eine Bewährungsfrist von einem Jahr. Ich musste nun laufend fast jeden Sonnabend und Sonntag hinaus aufs Land und Landarbeit zur Bewährung verrichten.

In einer Belegschaftsversammlung, am 26. Oktober 1960, musste ich vor allen Kollegen des Betriebes Stellung nehmen zu meinem Verhalten (Fahrt nach Westberlin zum Todestag meiner Schwiegermutter).

Jeder Betriebsangehörige wurde aufgefordert, an mich Fragen zu stellen. Viele Fragen wurden gestellt und ich musste sie alle beantworten. Diese Tortur dauerte zweieinhalb Stunden. [...] Da meine Frau und die Kinder katholisch sind, trat die Betriebsparteileitung im November 1960 an mich heran mit der Aufforderung, meine Frau und die Kinder zu veranlassen, aus der katholischen Kirche auszutreten. Ich teilte der SED mit, dass meine Frau ein Austreten aus der Kirche ablehnt. Daraufhin wurde mir gesagt, dass ich mich von meiner Frau scheiden lassen solle.

Im Februar 1961 wurde ich erneut aufgefordert, mich von meiner Familie zu trennen oder meinen Arbeitsplatz (BGL-Vorsitzender)[1] zu verlassen.

Seit Oktober 1960 wurde nicht nur ich laufend von der Betriebsparteileitung schikaniert, sondern auch mein Sohn. Er wurde laufend in der Schule von anderen Kindern beschimpft, weil er ständig zum katholischen Unterricht ging. Das ging so weit, dass man meinem Sohn immer nachrief: „Sehet her, da geht der junge Pfaffe". Mein Junge wurde auch durch den Klassenlehrer schikaniert. [...]

Nachdem ich diesen Terror der SED monatelang über mich habe ergehen lassen müssen und meine Frau vor einem Nervenzusammenbruch stand, haben wir uns schweren Herzens entschlossen, am 24. März 1961 die Ostzone zu verlassen und nach Westberlin zu flüchten. Ich bin froh, dass ich mit meiner Frau und meinen beiden Kindern West-Berlin erreicht habe.

[1] BGL = Betriebsgewerkschaftsleitung

zit. nach: Bundesministerium für innerdeutsche Beziehungen (Hrsg.), Der Bau der Mauer durch Berlin, faks. Nachauflage, Bonn 1986, S. 63

MATERIAL

## 5 „Das kann man auf die Dauer nicht fortsetzen“

*J. F. Kennedy wurde am 20. Januar 1961 neuer Präsident der USA, und in der Bundesrepublik bereiteten sich die politisch Verantwortlichen auf den Bundestagswahlkampf (17. September 1961) vor. Vor diesem historischen Kontext erbat Ulbricht in einem Brief (18. Januar 1961) von Chruschtschow die Meinung des Präsidiums des ZK der KPdSU zu den von ihm vorgetragenen Aspekten.*

Teurer Genosse Nikita Sergejewitsch!

[...] In Bezug auf die Beseitigung der Reste des Krieges fordert die DDR:

Beseitigung des Besatzungsregimes in Westberlin, d. h. Auflösung der Kommandantur und Verzicht der aufgrund des Besatzungsstatuts ausgeübten Rechte. [...]

Verzicht ausländischer Staaten sowie der Bonner Regierung auf Rundfunkstationen und andere staatliche und halbstaatliche Organe, die dem Kampf gegen die sozialistischen Staaten dienen.

Herabsetzung der ausländischen Truppen in Westberlin mit dem Ziel, ihren vollständigen Abzug einzuleiten. [...]

Übergabe der Funktionen der noch bestehenden Vier- oder Drei-Mächte-Organe, z. B. der Flugleitzentrale, des Abrechnungsbüros für Post- und Fernmeldewesen, des Travelboards (Reiseamts) an die zuständigen Organe der DDR bzw. eine Regelung dieser Fragen durch vertragliche Vereinbarungen mit der DDR und dem Westberliner Senat.

Regelung des Transitverkehrs von und nach Westberlin über die Verbindungswege der DDR durch reguläre Verträge mit der DDR.

Die Deutsche Demokratische Republik ist ihrerseits bereit, den Verkehr zwischen Westberlin und anderen Staaten, so wie er gegenwärtig erfolgt, zu garantieren.

Wir gehen also davon aus, dass zwischen Westberlin und der Deutschen Demokratischen Republik ein Verhältnis der friedlichen Koexistenz hergestellt wird. Die Deutsche Demokratische Republik hat keine Absicht, sich in die inneren Angelegenheiten Westberlins einzumischen. Andererseits erwartet sie, dass die Westmächte und die Bonner Regierung darauf verzichten, Westberlin zum Zwecke der Kriegshetze und der Revanchepolitik auszunutzen. [...]

Einige Probleme des Volkswirtschaftsplans 1961, die bisher nicht geklärt werden konnten:

Die Erreichung politischer Erfolge in Bezug auf die Beseitigung der Reste des Krieges und die Sicherung des Friedens erfordert im Jahre 1961 einen ernsten Fortschritt in der ökonomischen Stabilisierung der DDR. Zweifellos haben wir Fortschritte in Bezug auf die Steigerung der Arbeitsproduktivität und die Erhöhung des Lebensniveaus erreicht. Der Abstand gegenüber Westdeutschland ist jedoch im Jahre 1960 nicht geringer geworden. Die inneren Schwierigkeiten bei der Planerfüllung infolge nicht termingerechter und genügender Materialversorgung sind sogar gewachsen. Die größte Unzufriedenheit bei der Arbeiterschaft und der Intelligenz hat die nicht genügende Kontinuierlichkeit im Produktionsprozess vieler Betriebe hervorgerufen. Das hat seine Ursache darin, dass der Volkswirtschaftsplan in vielen Positionen materialmäßig nicht gedeckt war.

Im Jahre 1958, auf unserem V. Parteitag, und bei der Ausarbeitung des Siebenjahrplanes haben wir damit gerechnet, dass in der ökonomischen Entwicklung Westdeutschlands eine gewisse Stagnation eintreten wird und dass eine stärkere Belieferung mit den für unsere Wirtschaft entscheidenden Rohstoffsortimenten aus der UdSSR und aus anderen sozialistischen Ländern erfolgen kann.

Die Entwicklung in Westdeutschland ist jedoch anders verlaufen. Westdeutschland hat 1960 in der Steigerung der Produktion und im Konsum den stärksten Zuwachs seit Kriegsende und nichts deutet bisher auf eine Änderung. Die Steigerung der Bruttoproduktion in Westdeutschland betrug 1960 etwa zwölf Prozent, während die Produktionssteigerung in der DDR acht Prozent betrug. Die Investitionen sind in Westdeutschland weiterhin sehr hoch. Die entscheidenden Betriebe wurden weiter rationalisiert und auf den technischen Höchststand gebracht. Westdeutschland erhöhte die Löhne im Jahr 1960 um ca. neun Prozent und verkürzte die Arbeitszeit, sodass bereits in einem Teil der Betriebe die Fünftagewoche besteht. Für die Metallindustrie und die

*John F. Kennedy und Konrad Adenauer, 1961 bei dessen Besuch in Washington.*

*Walter Ulbricht und Nikita Chruschtschow, sich selbst Beifall klatschend. Bei Chruschtschows Besuch in Ostberlin.*

grafische Industrie wurden Tarifverträge abgeschlossen, die eine schrittweise Verkürzung der Arbeitszeit auf die 40-Stunden-Woche bis 1965 vorsehen. Bei uns sind solche Lohnerhöhungen und Arbeitszeitverkürzungen nicht im Plan enthalten.

In der DDR hat sich im Jahre 1960 die Beschaffungsmöglichkeit für unsere wichtigsten Rohstoffe wesentlich verschärft. Der Import aus der UdSSR konnte 1960 nur um knapp zwei Prozent gegenüber dem Vorjahr gesteigert werden. Der Import aus Westdeutschland sank um zehn Prozent. Um unsere Volkswirtschaft in Gang zu halten, mussten wir deshalb den Import aus kapitalistischen Ländern um fast 30 Prozent steigern. Diese Importe reichten noch nicht aus und führten zu ernsten Schwierigkeiten in der Versorgung der Industrie mit Rohstoffen im Jahre 1960. Aber da wir nicht genügend Exportwaren für die Bezahlung dieser Importe hatten, mussten wir eine kurzfristige Verschuldung an kapitalistische Länder im Umfang von rund 550 Millionen Valutamark eingehen. Einen großen Teil dieser Verschuldung müssen wir 1961 zurückzahlen, d. h., wir müssen Waren an diese Länder liefern, für die wir keine Importe bekommen. […]

Der konjunkturelle Aufschwung in Westdeutschland, der für jeden Einwohner der DDR sichtbar war, ist der Hauptgrund dafür, dass im Verlaufe von zehn Jahren rund zwei Millionen Menschen unsere Republik verlassen haben.

In dieser Lage waren und sind wir gezwungen, um den Abstand im Lebensniveau wenigstens schrittweise zu mildern, ständig mehr für den individuellen Konsum zu verbrauchen, als unsere eigene Wirtschaft hergab und zzt. hergibt. Das ging ständig zu Lasten der Erneuerung unseres Produktionsapparates. Das kann man auf die Dauer nicht fortsetzen. […]

SAPMO-BArch, DY 30/3508, Bl. 59–73. Die russische Übersetzung dieses Briefes trägt das Datum des 19. Januar 1961.
Zit. nach: http://www.chronik-der-mauer.de/index.php/de/Start/Detail/id/758539/page/0 (28. Januar 2009).

MATERIAL
## 6 Günter Grass und Stephan Hermlin

*Günter Grass schrieb am* 14. *August* 1961 *einen offenen Brief an die Vorsitzende des* DDR-*Schriftstellerverbandes, Anna Seghers, sie möge sich für eine Rücknahme der Abriegelung Westberlins einsetzen. Stephan Hermlin, Schriftsteller in der* DDR *und Freund Erich Honeckers, antwortete darauf seinerseits mit einem offenen Brief am* 17. *August.*

*Günter Grass und Stephan Hermlin* 1981.

[...] Das Unrecht vom 13. August? Von welchem Unrecht sprechen Sie? Wenn ich Ihre Zeitungen lese und Ihre Sender höre, könnte man glauben, es sei vor vier Tagen eine große Stadt durch eine Gewalttat in zwei Teile auseinandergefallen. Da ich aber ein ziemlich gutes Gedächtnis habe und seit vierzehn Jahren wieder in dieser Stadt lebe, erinnere ich mich, seit Mitte 1948 in einer gespaltenen Stadt gelebt zu haben, einer Stadt mit zwei Währungen, zwei Bürgermeistern, zwei Stadtverwaltungen, zweierlei Art von Polizei, zwei Gesellschaftssystemen, in einer Stadt, die beherrscht [wird] von zwei einander diametral entgegengesetzten Konzeptionen des Lebens. Die Spaltung Berlins begann Mitte 1948 mit der bekannten Währungsreform. Was am 13. August erfolgte, war ein logischer Schritt in einer Entwicklung, die nicht von dieser Seite der Stadt eingeleitet wurde.
Ich habe meiner Regierung am 13. August kein Danktelegramm geschickt und ich würde meine innere Verfassung auch nicht als eine solche „freudige Zustimmung", wie manche sich auszudrücken belieben, definieren. Wer mich kennt, weiß, dass ich ein Anhänger des Miteinanderlebens bin, des freien Reisens, des ungehinderten Austausches auf allen Gebieten des menschlichen Lebens, besonders auf dem Gebiet der Kultur. Aber ich gebe den Maßnahmen der Regierung der Deutschen Demokratischen Republik meine uneingeschränkte ernste Zustimmung. Sie hat mit diesen Maßnahmen, wie sich bereits zeigt, den Antiglobkestaat[1] gefestigt, sie hat einen großen Schritt vorwärts getan zur Errichtung eines Friedensvertrages, der das dringendste Anliegen ist, weil er allein angetan ist, den gefährlichsten Staat der Welt, die Bundesrepublik, auf ihrem aggressiven Weg zu bremsen. [...]

[1] Antiglobkestaat = DDR; Hans Globke war Jurist und Staatssekretär unter Konrad Adenauer. Während der NS-Herrschaft war er u. a. an der Formulierung rassistischer Gesetze und Gesetzeskommentare beteiligt. Seine nahtlose politische Karriere in der Bundesrepublik wurde immer wieder als Beleg für die faschistische Grundordnung Westdeutschlands von der DDR aufgegriffen.

zit. nach: Hans Werner Richter (Hrsg.), Die Mauer oder Der 13. August, Reinbek (Rowohlt) 1961, S. 62–64 und 66–68.

MATERIAL
## 7 „Das Vaterland ruft! Schützt die Republik!", 17. August 1961

*Auch die* FDJ (*Freie Deutsche Jugend*) *reagierte auf die Grenzbefestigung.*

Jeder FDJler ist aufgerufen, sich in dieser Stunde freiwillig zum Ehrendienst in den bewaffneten Kräften der Deutschen Demokratischen Republik zu verpflichten!

Jeder, der ein ganzer Kerl ist, der das Herz auf dem richtigen Fleck hat, beweist jetzt seine Liebe zur Deutschen Demokratischen Republik und zum ganzen unbesiegbaren sozialistischen Lager, seinen unbändigen Hass gegen die Feinde des Friedens und des Glückes der jungen Generation, [...].

Er setzt seine Ehre daran, als Soldat des Volkes, geführt von Offizieren, die bereits in den Klassenschlachten des deutschen Proletariats erprobt sind, die in den Internationalen Brigaden des spanischen Freiheitskrieges ihre Feuertaufe erhielten, die aufrecht und ungebrochen durch die Zuchthäuser des faschistischen Regimes gingen, die sich als Aktivisten des sozialistischen Aufbaues bewährt haben, seinen Kampfplatz einzunehmen. Jeder junge Sozialist brennt in diesen entscheidungsvollen Tagen darauf, die moderne Kampftechnik beherrschen zu lernen, Mut, Ausdauer und Disziplin zu zeigen.

SAPMO-BA, DY 24/3753-I, zit. nach: http://www.chronik-der-mauer.de/index.php/de/Start/Detail/id/593839/page/1 (25. März 2009)

MATERIAL

## Sicherung der Grenzanlagen 8

*Protokoll über die Lagebesprechung des zentralen Stabes der DDR für den Mauerbau am 20. September 1961:*

Gen. Honecker fasst die bisherigen Ergebnisse der Beratung zusammen und ordnet an:

[...]

3. Mit der forcierten Verstärkung der pioniermäßigen Schließung der Staatsgrenze in Berlin muss damit gerechnet werden, dass verbrecherische Elemente den Versuch unternehmen, die Staatsgrenze am Westring von Berlin zu durchbrechen. [...]

Alle Wege, die nach Westberlin führen, sind mit tiefen Gräben zu sichern. Die Drahtsperren sind zu verstärken und durch Panzerhindernisse ist zu gewährleisten, dass kein Fahrzeug durchbrechen kann.

4. Die Sperrzone von 100 m ist konsequent durchzusetzen. Es ist ein strenges militärisches Regime einzuführen. In diesem Gebiet sind nur die eingesetzten Kommandeure der Grenz-Brigade verantwortlich. [...]

8. Gegen Verräter und Grenzverletzer ist die Schusswaffe anzuwenden. Es sind solche Maßnahmen zu treffen, dass Verbrecher in der 100-m-Sperrzone gestellt werden können. Beobachtungs- und Schussfeld ist in der Sperrzone zu schaffen.

9. Es sind Maßnahmen einzuleiten, die zur Erhöhung der Wachsamkeit führen und das klassenmäßige Verhalten jedes Posten erhöhen und festigen. Der Einsatz von Offizierskontrollen ist zu verstärken. Die Verbindung der Offiziere zu den Soldaten ist zu verbessern. Jedem Angehörigen der bewaffneten Kräfte ist ideologisch überzeugend klarzumachen, dass er einen Kampfauftrag zur Sicherung des Friedens an der Staatsgrenze zu erfüllen hat. [...] gez. Exner

zit. nach: Werner Filmer/Heribert Schwan, Opfer der Mauer. Die geheimen Protokolle des Todes, München (Bertelsmann) 1991, S. 374–380.

1. Veranschaulichen Sie sich die Dimension der Grenzsicherung zwischen Ost- und Westberlin und ihren volkswirtschaftlichen Aufwand. (M 1)
2. Erfassen Sie die Art der Auseinandersetzung mit dem Thema Republikflucht und begründen Sie ihre Wirkungslosigkeit (Flüchtlingszahlen). (M 2, M 3)
3. Begründen Sie die „offiziellen" Maßnahmen gegen den späteren DDR-Flüchtling. (M 4) Setzen Sie seine Darlegung in Beziehung zu dem Zeitungsartikel. (M 2)
4. Erläutern Sie das Dilemma, in dem die DDR sich befindet. (M 5)
5. Gehen Sie in einem Leserbrief auf Hermlins Argumente ein. (M 6)
6. Erörtern Sie den FDJ-Aufruf (M 7) und nehmen Sie Stellung (FDJ-Mitglieder waren ab 14 Jahre alt).
7. Beurteilen Sie die getroffenen und diskutierten Maßnahmen bezüglich der propagandistischen Darstellung der Mauer als „antifaschistischer Schutzwall". (M 8)

## 1.4 1968 – vom „Prager Frühling" zum sozialistischen Herbst

*18. Februar 1968, Berlin (West): Demonstration gegen den Vietnamkrieg. Die Demonstranten tragen Bilder von Liebknecht, Ho Chi Minh, Che Guevara, Lenin und Rosa Luxemburg mit sich.*

***Westliche Studentenbewegung***

Das Jahr 1968 bedeutet für die jüngere Geschichte eine gravierende Zäsur. In Westeuropa und den USA gingen Studenten auf die Straße, um ihre Vorstellungen von Freiheit, Gerechtigkeit und Menschlichkeit den etablierten Würdenträgern eines für sie überholten politischen Systems in variantenreichen (Protestlieder/Sitzblockaden/Diskussionen) und teilweise widersprüchlichen Aktionen entgegenzustellen, wie dem Personenkult um Ho Chi Minh, Mao Tsetung und Che Guevara, die alle keine Repräsentanten der von den Studenten geforderten Richtungsänderung waren. Das Establishment demaskierte sich aus der Sicht der Protestierenden durch die Art der Auseinandersetzung mit ihnen: verbale Gewalt durch Politiker und Medien, reale Gewalt durch Polizeiknüppel und Wasserwerfer. Im Jahre 2008 wird die Bedeutung der „68er" kontrovers diskutiert. Für die einen sind sie Wegbereiter einer grundlegenden Demokratisierung und Befreiung überkommener obrigkeitsstaatlicher Strukturen, für andere sind sie Kern einer grundsätzlich staatsfeindlichen Ausrichtung, die im Terror der Rote Armee Fraktion (RAF) mündete, wiederum andere relativieren ihre Bedeutung und sprechen von einem Mythos, der sich um die Studentenführer, wie z. B. Rudi Dutschke, ranke.

***Wirtschaftsreformdebatte in der ČSSR***

Zeitgleich und sicherlich nicht uninspiriert durch die Auflehnung junger Menschen in Westeuropa mündeten die Spannungen in der ČSSR, die sich aus dem Widerspruch zwischen Anspruch und Wirklichkeit in einem spätstalinistischen Land aufgebaut hatten, zunächst in eine Wirtschaftsreformdebatte. An die Stelle einer durch staatliche Planung, Lenkung und Bürokratie gehemmten Wirtschaft sollte eine „sozialistische Marktwirtschaft" mit privatkapitalistischen Elementen treten, um die Versorgungslage deutlich zu verbessern. Als Vorbild diente Jugoslawien. Gleichzeitig wurden autonome Gewerkschaften zugelassen. Mit der Übernahme der Funktion des 1. Sekretärs der KPČ durch Alexander Dubček am 5. Januar 1968 beschleunigte sich der Reformkurs, der als „Prager Frühling“ bezeichnet wird. Sein Ziel war ein „Sozialismus mit menschlichem Antlitz“, also eine klare Abkehr vom sowjetischen Modell. Pluralismus und Meinungsfreiheit wurden mit Aufhebung der Pressezensur im März 1968 in der Tschechoslowakei eingeführt. Diese Entwicklung wurde durch die anderen Staaten des Ostblocks zunehmend mit deutlicher Ablehnung kritisiert, mussten sie doch befürchten, dass in ihren Ländern entsprechende Forderungen erhoben und damit die bestehende Ordnung zerstört würden.

*Ulbricht drängt auf Invasion*

Diese Befürchtung prägte besonders Walter Ulbricht, der sich vehement für ein militärisches Eingreifen, zunächst – wie neuere Quellen ausweisen – gegen den erklärten Willen der Sowjetunion, in der ČSSR einsetzte. Ab März 1968 fanden dazu eine Reihe von Konsultationen zwischen den Warschauer-Pakt-Staaten ohne die Tschechoslowakei statt, militärische Verbände wurden an den Grenzen zur ČSSR stationiert, teilweise im Rahmen eines Manövers sogar bereits innerhalb. In der Nacht vom 20. zum 21. August 1968 marschierten Truppen aus der Sowjetunion, Polen, Bulgarien und Ungarn in die Tschechoslowakei ein. Militärverbände aus der DDR standen zwar bereit, wurden aber mit Rücksicht auf die deutsche Geschichte nicht in Kampfhandlungen eingesetzt. Etwa 100 Bürgerinnen und Bürger der ČSSR und 50 Soldaten der Okkupationstruppen kamen dabei ums Leben. Die verantwortlichen tschechoslowakischen Politiker wurden innerhalb kurzer Zeit ihrer Funktionen enthoben und durch „linientreue“ Politiker ersetzt.

*21. August 1968, Prag: tschechoslowakische Demonstranten und russische Panzerfahrer.*

MATERIAL

## 1 Die Breschnew-Doktrin

*Die sogenannte Breschnew-Doktrin, benannt nach Chruschtschows Nachfolger als Generalsekretär der KPdSU, diente im Nachhinein als Rechtfertigung für den Einmarsch in die ČSSR. Auszug aus der von Leonid I. Breschnew am 12.11.1968 in Warschau gehaltenen Rede auf dem V. Parteitag der Polnischen Vereinigten Arbeiterpartei:*

Die KPdSU setzte sich immer dafür ein, dass jedes sozialistische Land die konkreten Formen seiner Entwicklung auf dem Wege zum Sozialismus unter Berücksichtigung der Eigenart seiner nationalen Bedingungen selbst bestimmte. Aber bekanntlich, Genossen, gibt es auch allgemeine Gesetzmäßigkeiten des sozialistischen Aufbaus, und ein Abweichen von diesen Gesetzmäßigkeiten könnte zu einem Abweichen vom Sozialismus im Allgemeinen führen. Und wenn innere und äußere dem Sozialismus feindliche Kräfte die Entwicklung eines sozialistischen Landes zu wenden und auf eine Wiederherstellung der kapitalistischen Zustände zu drängen versuchen, wenn also eine ernste Gefahr für die Sache des Sozialismus in diesem Lande, eine Gefahr für die Sicherheit der ganzen sozialistischen Gemeinschaft entsteht – dann wird dies nicht nur zu einem Problem für das Volk dieses Landes, sondern auch zu einem gemeinsamen Problem, zu einem Gegenstand der Sorge aller sozialistischen Länder.

Begreiflicherweise stellt militärische Hilfe für ein Bruderland zur Unterbindung einer für die sozialistische Ordnung entstandenen Gefahr eine erzwungene, außerordentliche Maßnahme dar. Sie kann nur durch direkte Aktionen der Feinde des Sozialismus im Landesinnern und außerhalb seiner Grenzen ausgelöst werden, durch Handlungen, die eine Gefahr für die gemeinsamen Interessen des sozialistischen Lagers darstellen.

Europa-Archiv, XXIV. (1969), Folge 11, S. D 258 f.

MATERIAL

## 2 Die offizielle Version des Warschauer Paktes

*Die Öffentlichkeit in den Ostblockstaaten wurde unmittelbar nach dem Einfall in die Tschechoslowakei durch einen Rundfunkbeitrag von den Ereignissen in Kenntnis gesetzt.*

**Sender der Truppen des Warschauer Paktes aus Dresden, 21. August 1968, 6 Uhr**

TASS1 ist bevollmächtigt, Folgendes zu erklären: Partei- und Staatsfunktionäre der ČSSR haben sich an die Sowjetunion und andere Bündnisstaaten mit der Bitte gewandt, dem tschechoslowakischen Brudervolk dringend Hilfe zu erweisen, einschließlich der Hilfe mit Streitkräften. Diese Bitte ist auf die Gefahr zurückzuführen, die der in der ČSSR bestehenden sozialistischen Ordnung und der auf der Verfassung basierenden Staatlichkeit von Seiten der konterrevolutionären Kräfte droht, die mit den dem Sozialismus feindlichen Kräften ein Komplott eingegangen sind. Die Ereignisse in der ČSSR und außerhalb ihrer Grenzen waren wiederholt Gegenstand des Meinungsaustausches von führenden Repräsentanten der sozialistischen Bruderländer, einschließlich der Leiter der ČSSR. Diese Länder sind sich darin einig, dass die Unterstützung, die Festigung und die Verteidigung der sozialistischen Errungenschaften der Völker gemeinsame internationale Pflicht aller sozialistischen Staaten ist. [...] Die weitere Verschärfung der Lage in der ČSSR berührt die Lebensinteressen der Sowjetunion und anderer sozialistischer Länder, die Interessen der Sicherheit der Staaten der sozialistischen Gemeinschaft. Die Bedrohung der sozialistischen Ordnung in der Tschechoslowakei ist zugleich eine Bedrohung des europäischen Friedens. Die Sowjetregierung und die Regierungen der Bündnisstaaten: der VR Bulgarien, der Ungarischen VR, der DDR, der Polnischen VR haben, ausgehend von den Prinzipien der unverbrüchlichen Freundschaft und Zusammenarbeit und aufgrund der bestehenden vertraglichen Verpflichtungen beschlossen, der erwähnten Bitte um die erforderliche Hilfe für das tschechoslowakische Brudervolk nachzukommen. Dieser Beschluss entspricht voll und ganz dem Recht der

Staaten auf individuelle und kollektive Selbstverteidigung, das in Bündnisverträgen, die zwischen den sozialistischen Bruderländern bestehen, verankert ist. Dieser Beschluss entspricht auch den ureigensten Interessen unserer Länder bei der Verteidigung des europäischen Friedens gegen die Kräfte des Militarismus, der Aggression und der Revanche, die die europäischen Völker wiederholt in Kriege stürzten. Sowjetische Truppeneinheiten sind zusammen mit Truppeneinheiten der genannten Bündnisländer am 21. August in die Tschechoslowakei einmarschiert. Sie werden unverzüglich aus der ČSSR weggeführt, sobald die entstandene Gefahr für die Errungenschaften des Sozialismus in der Tschechoslowakei und die Gefahr für die Sicherheit der Länder der sozialistischen Gemeinschaft behoben ist und die legitime Regierung die weitere Stationierung dieser Truppeneinheiten für nicht mehr erforderlich hält. [...] Es wird nie und niemandem gestattet sein, auch nur ein Glied aus der Gemeinschaft der sozialistischen Staaten herauszubrechen.

[1] TASS = sowjetische Nachrichtenagentur

Weltgeschehen, Dokumentarische Berichte und Chronik in Vierteljahresbänden, München 1968 ff., S. 317 f.
aus: Wilfried Danner, Wolfgang Hug, Quellenlesebuch, Bd. 3: Von der Zeit des Imperialismus bis zur Gegenwart, Frankfurt am Main/Berlin/München (Diesterweg) 1983, S. 276 ff.

MATERIAL

## Reaktion in der DDR 3

*Die offiziellen Reaktionen auf den Einmarsch der Warschauer-Pakt-Staaten in der ČSSR seitens der DDR erfolgten fast wortgleich zu dem TASS-Beitrag (M 2) im Neuen Deutschland am 21. August 1968. Die Bevölkerung reagierte zum Teil ganz anders.*

*a) Straßengraffiti*

*b) Widerstand durch Flugblätter*

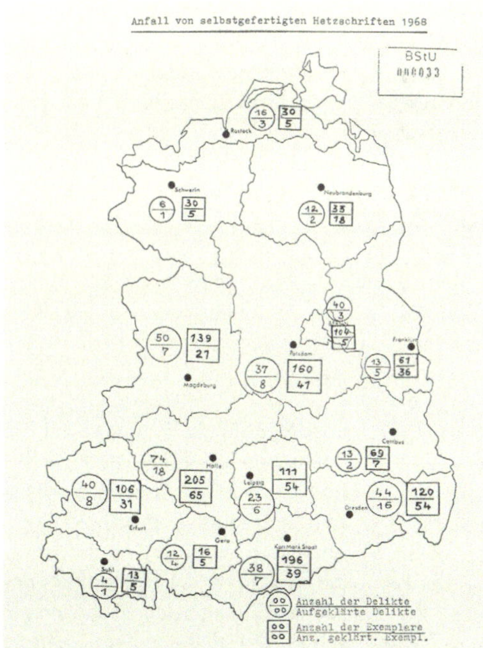


aus: Jens Gieseke, Die DDR-Staatssicherheit – Schild und Schwert der Partei, Bundeszentrale für politische Bildung, 2000, S. 39 (Bilder: BStU).

MATERIAL

## 4 „Konterrevolutionäres" Lenin-Zitat

*Der 27-jährige Finanzökonom Bernd Eisenfeld aus Halle protestierte mit Lenin-Zitaten aus dessen Schrift „Dekret über den Frieden". Das MfS qualifizierte später das Flugblatt als Text mit „konterrevolutionärem Inhalt".*

Denk bitte nach! bitte, schweig nicht!!

„Unter Annexion oder Aneignung fremder Territorien versteht die Regierung, im Einklang mit dem Rechtsbewusstsein der Demokratie im Allgemeinen und der werktätigen Klassen im Besonderen, jede Angliederung einer kleinen oder schwachen Völkerschaft an einen großen oder mächtigen Staat, ohne dass diese Völkerschaft ihr Einverständnis und ihren Wunsch unmissverständlich, klar und freiwillig zum Ausdruck gebracht hat. Wenn irgendeiner Nation mit Gewalt, entgegen ihrem zum Ausdruck gebrachten Wunsch [...] das Recht vorenthalten wird, nach vollständiger Zurückziehung der Truppen der annektierenden oder überhaupt der stärkeren Nation in freier Abstimmung über die Formen ihrer staatlichen Existenz ohne den mindesten Zwang selbst zu entscheiden, so ist eine solche Angliederung eine Annexion, d. h. eine Eroberung und Vergewaltigung."

nach: Falco Werkentin, Politische Strafjustiz in der Ära Ulbricht, Berlin (Ch. Links Verlag), 1995, S. 294.

MATERIAL

## 5 Protest gegen ČSSR-Einmarsch

*Bis Ende November 1968 hatte das MfS über 2100 „feindliche Handlungen" im Zusammenhang mit dem Einmarsch der Warschauer-Pakt-Staaten in der Tschechoslowakei registriert. Über 506 wegen mündlicher oder schriftlicher „Hetze" inzwischen inhaftierte „Täter" legte es folgende Detailinformationen vor:*

*a) Altersstruktur*

| | | |
|---|---|---|
| unter 18 Jahre | 99 Pers. | 19,6% |
| 18–21 Jahre | 135 Pers. | 26,7% |
| 21–25 Jahre | 100 Pers. | 19,7% |
| 25–40 Jahre | 124 Pers. | 24,5% |
| über 40 Jahre | 48 Pers. | 9,5% |
| Summe | 506 Pers. | 100,0% |

*b) Sozialstruktur*

| | | |
|---|---|---|
| Schüler | 38 Pers. | 7,6% |
| Lehrlinge | 73 Pers. | 14,5% |
| Studenten | 39 Pers. | 7,7% |
| Facharbeiter | 189 Pers. | 37,3% |
| sonstige Arbeiter | 101 Pers. | 19,9% |
| Kulturschaffende | 11 Pers. | 2,2% |
| Intelligenz | 12 Pers. | 2,4% |
| bewaffnete Organe | 10 Pers. | 1,9% |
| Sonstige | 33 Pers. | 6,5% |
| Summe | 506 Pers. | 100,0% |

nach: Falco Werkentin, Politische Strafjustiz in der Ära Ulbricht, Berlin (Ch. Links Verlag), 1995, S. 289.

1. Erläutern Sie die Tragweite der Breschnew-Doktrin für die innen- und außenpolitischen Entwicklungsmöglichkeiten von Ländern des Ostblocks. (M 1)
2. Konstruieren Sie unter Rückgriff auf den Rundfunkbeitrag ein Interview eines Journalisten mit Dubček. (M 2)
3. Charakterisieren Sie Art und Umfang des Protestes gegen den Einmarsch in die ČSSR in der DDR-Bevölkerung. (M 3, M 4)
4. Werten Sie die beiden Tabellen aus und beurteilen Sie, welche Schlussfolgerungen für die DDR daraus zu ziehen sind. Suchen Sie nach einer Erklärung des großen Anteils der Facharbeiter bei den „Tätern". (M 5)

# 2.0 Die DDR unter Honecker

*Leben mit dem System*

Mit dem Bau der Mauer gelang es der DDR nicht nur, die Anzahl der Flüchtlinge und Übersiedler deutlich zu reduzieren (von 1965 bis 1983 fiel die Zahl tendenziell von ca. 29 500 auf 11 300 im Jahr; in der Summe 1949–1989: ca. 3,7 Mio.) und die Wirtschaft auch dank kurzfristig zugestandener Freiräume im Rahmen des „Neuen Ökonomischen Systems der Planung und Leitung" (NÖSPL) (1963–65) zu stärken, sondern das Sich-Abfinden mit den Gegebenheiten führte in weiten Teilen der Bevölkerung dazu, sich mit und in dem System zu arrangieren. Dies bedeutete nicht gleichzeitig, auch mit der Ideologie übereinzustimmen. Aber es hatte zur Folge, dass sich so etwas wie eine DDR-Identität einzustellen begann, dass viele Menschen sich systemstabilisierend verhielten. Dieses Phänomen bezeichnet Mary Fulbrook als „partizipatorische Diktatur". Innerhalb des Ostblocks war der Lebensstandard der Bevölkerung am höchsten, konnte sich sogar mit vielen westeuropäischen Ländern messen.

## 2.1 DDR und Bundesrepublik Deutschland – „Deutschland, einig Vaterland"?

*DDR-Identität*

Die Erfolge von DDR-Sportlern, die 1968 erstmals mit eigener Olympiamannschaft antreten durften, trugen zu einer Identifikation als DDR-Bürger bei. Was fehlte, war die außenpolitische Anerkennung der DDR als souveräner Staat. Darum bemühte sich die politische Führung seit Gründung der DDR. Ihr entgegen stand jedoch der von Adenauer in einer Regierungserklärung vom 21. Oktober 1949, also unmittelbar nach Gründung der DDR, formulierte Alleinvertretungsanspruch Westdeutschlands, der in der sogenannten „Hallstein-Doktrin" sein außenpolitisches Reglement erfuhr. Danach sollten die Staaten mit Konsequenzen in der Beziehung zur Bundesrepublik Deutschland rechnen, die diplomatische Beziehungen zur DDR aufnahmen. Eine Ausnahme stellte nur die Sowjetunion dar. Die westlichen Länder hielten sich aus Rücksichtnahme auf die Bundesrepublik an diese Vorgabe, nahmen aber unterhalb der diplomatischen Ebene durchaus Kontakt mit der DDR auf. Die Staaten des Ostblocks verhielten sich entsprechend umgekehrt. Sie unterhielten diplomatische Beziehungen zur DDR, ohne auf Kontakte anderer Art mit der Bundesrepublik verzichten zu wollen. Mit Beginn der Sozialliberalen Koalition 1969 fiel auch die Hallstein-Doktrin. Aus der Position eines im Westen fest verankerten Staates heraus nahm die neue Bundesregierung unter Willy Brandt die Entspannung mit dem Osten in ihr Programm auf, das auch eine Neuregelung der Beziehungen zur DDR vorsah. Damit weitete die Bundesregierung die Basis für eine Außenpolitik aus, die Blockgrenzen überschritt und 1975 in den KSZE-Prozess (Konferenz für Sicherheit und Zusammenarbeit in Europa) mündete.

MATERIAL
## 1 Ein „Deutscher Friedensplan“ 1961

*Der Staatsrat der Deutschen Demokratischen Republik legte am 6. Juli 1961 der Volkskammer den „Deutschen Friedensplan“ vor. Im letzten Teil dieses Planes werden Gedanken zur Entwicklung der Beziehungen beider deutscher Staaten vorgestellt.*

### Deutsche Konföderation

Der Friedensvertrag sichert den Frieden und öffnet den Weg zur deutschen Wiedervereinigung, der angesichts der Existenz zweier deutscher Staaten mit unterschiedlicher Gesellschaftsordnung nur über die Bildung einer Konföderation führt. Ihr Ziel ist die Zusammenarbeit der beiden deutschen Staaten auf der Grundlage der friedlichen Koexistenz, um das weitere Auseinanderleben der deutschen Nation zu verhindern und die Voraussetzungen für ihre Wiedervereinigung in einem friedliebenden, demokratischen und neutralen Staat zu schaffen. […]

Zur Gewährleistung der Sicherheit in Europa, zur Annäherung der beiden deutschen Staaten und ihrer friedlichen Vereinigung empfehlen sie unter anderem Maßnahmen zu folgenden Fragen: […]

2. Stufenweiser Abbau der sich aus der Zugehörigkeit beider deutscher Staaten zu Militärgruppierungen ergebenden Verpflichtungen, Ausscheiden aus diesen Militärbündnissen, Abzug der ausländischen Truppen und Auflösung ihrer Stützpunkte.
3. Vereinbarung der militärischen Neutralität beider deutscher Staaten als Grundlage für das spätere militärisch neutrale einheitliche Deutschland. […]
8. Vorbereitung einer demokratischen Verfassung des einheitlichen deutschen Staates, in dem der Dienst am Frieden erste Bürgerpflicht ist. Vorbereitung und Durchführung von allgemeinen, freien und geheimen demokratischen Wahlen zum gesamtdeutschen Parlament in ganz Deutschland.
9. Bildung der gesamtdeutschen Regierung eines friedliebenden, neutralen und demokratischen deutschen Staates mit Berlin als Hauptstadt.

Der Friedensplan des deutschen Volkes weist den Weg in eine friedliche und glückliche Zukunft Deutschlands.

Die Volkskammer der Deutschen Demokratischen Republik hält es für ein Gebot der Wahrhaftigkeit, das ganze deutsche Volk darauf hinzuweisen, dass der Weg zur Wiedervereinigung Deutschlands nur durch die Überwindung des in Westdeutschland wiedererstandenen deutschen Revanchismus und Militarismus freigelegt werden kann. Die Sicherung der friedlichen Zukunft der deutschen Nation erfordert die weitere Stärkung der Deutschen Demokratischen Republik, des sicheren Hortes des Friedens und der Sicherheit in Deutschland.

Jeder gutwillige Deutsche im Osten und Westen unserer Heimat hat die nationale Pflicht, alles in seinen Kräften Stehende zu tun, damit der Deutsche Friedensplan Wirklichkeit wird.

zit. nach: Schriftenreihe des Staatsrates der Deutschen Demokratischen Republik, Nummer 13/1961, Der Deutsche Friedensplan, Berlin (VEB Deutscher Zentralverlag) 1961, S. 7 f.

MATERIAL
## 2 Wandel durch Annäherung 1963

*Egon Bahr am 15. Juli 1963 in der Evangelischen Akademie Tutzing:*

Es ist in den letzten Tagen schon eine ganze Menge über das Thema der Wiedervereinigung gesagt worden. Ich möchte […] nur einige Bemerkungen machen. Sie sind zur Anregung der Diskussion gedacht und entspringen dem Zweifel, ob wir mit der Fortsetzung unserer bisherigen Haltung das absolut negative Ergebnis der Wiedervereinigungspolitik ändern können, und der Überzeugung, dass es an der Zeit ist und dass es unsere Pflicht ist, sie möglichst unvoreingenommen neu zu durchdenken. […]

Die Voraussetzungen zur Wiedervereinigung sind nur mit der Sowjetunion zu schaffen. Sie sind nicht in Ostberlin zu bekommen, nicht gegen die Sowjetunion, nicht ohne sie. […] Die Wiedervereinigung ist ein außenpolitisches Problem. […]

*„Kraft seiner starken Wurzeln wird er alle Mauern sprengen." Karikatur von Wolfgang Hicks zum Grundlagenvertrag und zur Ostpolitik von Willy Brandt und Egon Bahr, die hier dargestellt sind.*

Die amerikanische Strategie des Friedens lässt sich auch durch die Formel definieren, dass die kommunistische Herrschaft nicht beseitigt, sondern verändert werden soll. Die Änderung des Ost/West-Verhältnisses, die die USA versuchen wollen, dient der Überwindung des Status quo, indem der Status quo zunächst nicht verändert werden soll. Das klingt paradox, aber es eröffnet Aussichten, nachdem die bisherige Politik des Drucks und Gegendrucks nur zur Erstarrung des Status quo geführt hat. [...]

Die Frage ist, ob es innerhalb dieser Konzeption eine spezielle deutsche Aufgabe gibt. Ich glaube, diese Frage ist zu bejahen, wenn wir uns nicht ausschließen wollen von der Weiterentwicklung des Ost/West-Verhältnisses. Es gibt sogar in diesem Rahmen Aufgaben, die nur die Deutschen erfüllen können, weil wir uns in Europa in der einzigartigen Lage befinden, dass unser Volk geteilt ist.

Die erste Folgerung, die sich aus einer Übertragung der Strategie des Friedens auf Deutschland ergibt, ist, dass die Politik des Alles oder Nichts ausscheidet. Entweder freie Wahlen oder gar nicht, entweder gesamtdeutsche Entscheidungsfreiheit oder ein hartes Nein, entweder Wahlen als erster Schritt oder Ablehnung, das alles ist nicht nur hoffnungslos antiquiert und unwirklich, sondern in einer Strategie des Friedens auch sinnlos. Heute ist klar, dass die Wiedervereinigung nicht ein einmaliger Akt ist, der durch einen historischen Beschluss an einem historischen Tag auf einer historischen Konferenz ins Werk gesetzt wird, sondern ein Prozess mit vielen Schritten und vielen Stationen. [...]

Nun kann es kaum Zweifel geben, dass Änderungen in der Zone besonders schwer zu erreichen sind. Die Zone ist in der politischen Entwicklung zurückgebliebener als Polen, Ungarn und die Sowjetunion. Und das hat seine Gründe. Ulbricht konnte sich halten, nicht obwohl, sondern gerade weil er der letzte Stalinist ist. Die Erfahrungen des Jahres 1953 haben dem Kreml gezeigt, wie gefährlich es in seinem Sinne ist, wenn in der deutschen Zone Erleichterungen für die Menschen gewährt werden. Denn gerade weil es sich um den Teil eines gespaltenen Volkes handelt, schlagen anders als etwa in Polen oder in der Sowjetunion soziale oder wirtschaftliche Forderungen sofort um in politische und nationale. Das Gefälle zur Bundesrepublik ist da. [...]

Wir haben gesagt, dass die Mauer ein Zeichen der Schwäche ist. Man könnte auch sagen, sie war ein Zeichen der Angst und des Selbsterhaltungstriebes des kommunistischen Regimes. Die Frage ist, ob es nicht Möglichkeiten gibt, diese durchaus berechtigten Sorgen dem Regime graduell so weit zu nehmen, dass auch die Auflockerung der Grenzen und der Mauer praktikabel wird, weil das Risiko erträglich ist. Das ist eine Politik, die man auf die Formel bringen könnte: Wandel durch Annäherung.

www.fes.de/archiv/_stichwort/tutzinger_rede.pdf (29. Januar 2009).

MATERIAL

## 3 Zweistaatentheorie 1969

*In seiner Regierungserklärung vom 28. Oktober 1969 entwickelt Willy Brandt u. a. die Politik der sozialliberalen Koalition in Bezug auf die DDR.*

Diese Regierung geht davon aus, dass die Fragen, die sich für das deutsche Volk aus dem Zweiten Weltkrieg und aus dem nationalen Verrat durch das Hitlerregime ergeben haben, abschließend nur in einer europäischen Friedensordnung beantwortet werden können. Niemand kann uns jedoch ausreden, dass die Deutschen ein Recht auf Selbstbestimmung haben, wie alle anderen Völker auch.
Aufgabe der praktischen Politik in den jetzt vor uns liegenden Jahren ist es, die Einheit der Nation dadurch zu wahren, dass das Verhältnis zwischen den Teilen Deutschlands aus der gegenwärtigen Verkrampfung gelöst wird.
Die Deutschen sind nicht nur durch ihre Sprache und ihre Geschichte – mit ihrem Glanz und ihrem Elend – verbunden; wir sind alle in Deutschland zu Haus. Wir haben auch noch gemeinsame Aufgaben und gemeinsame Verantwortung: für den Frieden unter uns und in Europa.
20 Jahre nach Gründung der Bundesrepublik Deutschland und der DDR müssen wir ein weiteres Auseinanderleben der deutschen Nation verhindern, also versuchen, über ein geregeltes Nebeneinander zu einem Miteinander zu kommen. Dies ist nicht nur ein deutsches Interesse, denn es hat seine Bedeutung auch für den Frieden in Europa und für das Ost-West-Verhältnis. [...]
Eine völkerrechtliche Anerkennung der DDR durch die Bundesregierung kann nicht in Betracht kommen. Auch wenn zwei Staaten in Deutschland existieren, sind sie doch füreinander nicht Ausland; ihre Beziehungen zueinander können nur von besonderer Art sein.
Anknüpfend an die Politik ihrer Vorgängerin erklärt die Bundesregierung, dass die Bereitschaft zu verbindlichen Abkommen über den gegenseitigen Verzicht auf Anwendung oder Androhung von Gewalt auch gegenüber der DDR gilt. [...]
Wir haben das bisherige Ministerium für gesamtdeutsche Fragen entsprechend seinen Aufgaben in Ministerium für innerdeutsche Beziehungen umbenannt. Die Deutschlandpolitik insgesamt kann nicht Sache eines Ressorts sein. Sie ist eine ständige Aufgabe der ganzen Regierung und umfasst Aspekte der Auswärtigen Politik, der Sicherheits- und Europapolitik ebenso wie die Bemühungen um den Zusammenhalt unseres Volkes und um die Beziehungen im geteilten Deutschland.

www.dhm.de/lemo/html/dokumente/KontinuitaetUndWandel_erklaerungBrandtRegierungserklaerung1969/ (29. Januar 2009).

MATERIAL

## 4 Der Grundlagenvertrag 1972

*Der zwischen den Regierungen ausgehandelte „Vertrag über die Grundlagen der Beziehungen zwischen der Bundesrepublik Deutschland und der Deutschen Demokratischen Republik" (auch kurz „Grundlagenvertrag" genannt) vom 21. Dezember 1972 stellte die Beziehungen beider deutscher Staaten auf eine neue Stufe.*

Die Hohen Vertragschließenden Seiten
eingedenk ihrer Verantwortung für die Erhaltung des Friedens,
in dem Bestreben, einen Beitrag zur Entspannung und Sicherheit in Europa zu leisten,
in dem Bewusstsein, dass die Unverletzlichkeit der Grenzen und die Achtung der territorialen Integrität und der Souveränität aller Staaten in Europa in ihren gegenwärtigen Grenzen eine grundlegende Bedingung für den Frieden sind,
in der Erkenntnis, dass sich daher die beiden deutschen Staaten in ihren Beziehungen der Androhung oder Anwendung von Gewalt zu enthalten haben,
ausgehend von den historischen Gegebenheiten und unbeschadet der unterschiedlichen Auffassungen der Bundesrepublik Deutschland und der Deutschen Demokratischen Republik zu grundsätzlichen Fragen, darunter zur nationalen Frage,
geleitet von dem Wunsch, zum Wohle der Menschen in den beiden deutschen Staaten die Vor-

*Spiegeltitel Dezember 1972 zum Grundlagenvertrag.*

aussetzungen für die Zusammenarbeit zwischen der Bundesrepublik Deutschland und der Deutschen Demokratischen Republik zu schaffen, sind wie folgt übereingekommen:

Artikel 1
Die Bundesrepublik Deutschland und die Deutsche Demokratische Republik entwickeln normale gutnachbarliche Beziehungen zueinander auf der Grundlage der Gleichberechtigung.

Artikel 2
Die Bundesrepublik Deutschland und die Deutsche Demokratische Republik werden sich von den Zielen und Prinzipien leiten lassen, die in der Charta der Vereinten Nationen niedergelegt sind, insbesondere der souveränen Gleichheit aller Staaten, der Achtung der Unabhängigkeit, Selbständigkeit und territorialen Integrität, dem Selbstbestimmungsrecht, der Wahrung der Menschenrechte und der Nichtdiskriminierung.

Artikel 3
Entsprechend der Charta der Vereinten Nationen werden die Bundesrepublik Deutschland und die Deutsche Demokratische Republik ihre Streitfragen ausschließlich mit friedlichen Mitteln lösen und sich der Drohung mit Gewalt oder der Anwendung von Gewalt enthalten. Sie bekräftigen die Unverletzlichkeit der zwischen ihnen bestehenden Grenze jetzt und in der Zukunft und verpflichten sich zur uneingeschränkten Achtung ihrer territorialen Integrität.

Artikel 4
Die Bundesrepublik Deutschland und die Deutsche Demokratische Republik gehen davon aus, dass keiner der beiden Staaten den anderen international vertreten oder in seinem Namen handeln kann. [...]

Artikel 5
Die Bundesrepublik Deutschland und die Deutsche Demokratische Republik werden friedliche Beziehungen zwischen den europäischen Staaten fördern und zur Sicherheit und Zusammenarbeit in Europa beitragen. [...]

Artikel 6
Die Bundesrepublik Deutschland und die Deutsche Demokratische Republik gehen von dem Grundsatz aus, dass die Hoheitsgewalt jedes der beiden Staaten sich auf sein Staatsgebiet beschränkt. Sie respektieren die Unabhängigkeit und Selbständigkeit jedes der beiden Staaten in seinen inneren und äußeren Angelegenheiten. [...]

Artikel 8
Die Bundesrepublik Deutschland und die Deutsche Demokratische Republik werden ständige Vertretungen austauschen. Sie werden am Sitz der jeweiligen Regierung errichtet.
Die praktischen Fragen, die mit der Einrichtung der Vertretungen zusammenhängen, werden zusätzlich geregelt. [...]

zit. nach: Presse- und Informationsamt der Bundesregierung (Hrsg.), Dokumente zur Entspannungspolitik der Bundesregierung – Deutschlandpolitik, Hamburg (Hanseatische Druckanstalt), 9. erweiterte Auflage 1981, S. 43 ff.

Proletarier aller Länder, vereinigt euch!

NEUES DEUTSCHLAND

ORGAN DES ZENTRALKOMITEES DER SOZIALISTISCHEN EINHEITSPARTEI DEUTSCHLANDS

27. Jahrgang / Nr. 311 | Berlin, Donnerstag, 9. November 1972 | B-Ausgabe / Einzelpreis 15 Pf

**Vertrag über die Grundlagen der Beziehungen zwischen der DDR und der BRD paraphiert**

**Briefe zur Erlangung der Mitgliedschaft in der UNO wurden gleichzeitig unterzeichnet und ausgetauscht**

**Erklärungen der Staatssekretäre Dr. Kohl und Bahr**

**Bonn** (ND-Korr.). Der Vertrag über die Grundlagen der Beziehungen zwischen der DDR und der BRD und die Zusatzdokumente wurden am Mittwochnachmittag um 16 Uhr im Gobelinsaal des Bundeskanzleramtes der BRD paraphiert. Die Paraphierung erfolgte durch den Staatssekretär beim Ministerrat der DDR, Dr. Michael Kohl, und den Staatssekretär im Bundeskanzleramt der BRD, Egon Bahr, in Anwesenheit ihrer Verhandlungsdelegationen. Gleichzeitig wurden die Briefe zur Erlangung der Mitgliedschaft der DDR und der BRD in der UNO sowie die Briefe zur Gewährleistung der Arbeitsmöglichkeiten für Journalisten unterzeichnet und ausgetauscht. Danach gaben die Staatssekretäre Dr. Kohl und Bahr Erklärungen ab. Die Paraphierung erfolgte im Beisein zahlreicher Vertreter der internationalen Presse, des Funks und Fernsehens. Nach der Paraphierung beantworteten die Staatssekretäre Fragen der Journalisten.

Die Staatssekretäre Dr. Kohl und Bahr während der Paraphierung des Vertrages
Foto: ND/Murza

**VERTRAG über die Grundlagen der Beziehungen zwischen der Deutschen Demokratischen Republik und der Bundesrepublik Deutschland**

Die Hohen Vertragschließenden Seiten

eingedenk ihrer Verantwortung für die Erhaltung des Friedens,

in dem Bestreben, einen Beitrag zur Entspannung und Sicherheit in Europa zu leisten,

in dem Bewußtsein, daß die Unverletzlichkeit der Grenzen und die Achtung der territorialen Integrität und der Souveränität aller Staaten in Europa in ihren …

**ARTIKEL 3**

Entsprechend der Charta der Vereinten Nationen werden die Deutsche Demokratische Republik und die Bundesrepublik Deutschland ihre Streitfragen ausschließlich mit friedlichen Mitteln lösen und sich der Drohung mit Gewalt oder der Anwendung von Gewalt enthalten.

Sie bekräftigen die Unverletzlichkeit der zwischen ihnen bestehenden Grenze jetzt …

… seinen inneren und äußeren Angelegenheiten.

**ARTIKEL 7**

Die Deutsche Demokratische Republik und die Bundesrepublik Deutschland erklären ihre Bereitschaft, im Zuge der Normalisierung ihrer Beziehungen praktische und humanitäre Fragen zu regeln. Sie werden Abkommen schließen, um auf der …

**„Einen besseren Vertrag gibt es nicht"**

**Berlin** (ADN). Wie aus Kreisen des Politbüros des ZK der SED und des Ministerrates der DDR zu erfahren ist, sei es ein großer Irrtum der Herren Barzel und Strauß, daß sie im Falle einer Regierungsbildung durch die CDU/CSU einen „besseren" Vertrag mit der DDR abschließen könnten. Einen „besseren" Vertrag, so wird unterstrichen, gibt es nicht. Der jetzt paraphierte Vertrag über die Grundlagen der Beziehungen zwischen der Deutschen Demo- …

**Ein Erfolg für die Sache des Friedens und der Sicherheit**

**Kommentar des ADN**

Im April dieses Jahres erklärte der Erste Sekretär des ZK der SED, Erich Honecker, in Sofia, daß die DDR nach der Ratifizierung der Verträge der Sowjetunion und der Volksrepublik Polen mit der BRD bereit ist, in einen Meinungsaustausch über die Herstellung normaler Beziehungen zwischen der DDR und der BRD einzutreten und die hierfür erforderlichen völkerrechtsmäßigen Vereinbarungen zu treffen. Es könnte eine Entwicklung eingeleitet werden, so betonte Erich Honecker, die zu einem friedlichen Nebeneinander zwischen der DDR und der BRD führt, zu normalen gutnachbarlichen Beziehungen mit dem Ausblick zu einem Miteinander im Interesse des Friedens, im Interesse der Bürger beider Staaten. Mitte Juni begann der Meinungsaustausch zwischen Staatssekretär Dr. Kohl und Staatssekretär Bahr auf der Grundlage eines von der DDR vorgelegten Entwurfes. Die Regierung der BRD zeigte ihrerseits Realismus, um im August mit den eigentlichen Verhandlungen zu beginnen und zu Ergebnissen zu gelangen.

Jetzt liegt der Vertrag über die Grundlagen der Beziehungen zwischen der DDR und der BRD fertig auf dem Tisch. Die Verhandlungen sind abgeschlossen, und gestern erfolgte in Bonn für die DDR von Staatssekretär Dr. Kohl und für die BRD von Staatssekretär Bahr die Paraphierung des Vertrages, das heißt die Vorstufe seiner Unterzeichnung.

Was ist das Ergebnis der Verhandlungen?

Nachdem zwischen der DDR und …

… Regierungen der DDR und der BRD die Absicht des jeweiligen Vertragspartners zur Kenntnis nehmen, die notwendigen Schritte zur Erlangung der Mitgliedschaft in der UNO einzuleiten. Das ist von großer Bedeutung. Die DDR ist seit langem dafür eingetreten, daß sie ebenso wie die BRD Mitglied der UNO wird und daß ein solcher Schritt durch keinerlei Vorbedingungen belastet werden darf. Das würde der UNO nützen, denn sie bedarf der Universalität, um ihre Aufgaben erfüllen zu können.

Wenn man die in dem Vertrag formulierten Grundsätze und Verpflichtungen mit der Politik vergleicht, die die BRD mehr als zwei Jahrzehnte gegen die DDR betrieben hat, so zeigt sich mit aller Deutlichkeit: Hier wird jetzt ein großer Schritt zur Normalisierung, zu Beziehungen friedlicher Koexistenz zwischen diesen beiden Staaten mit unterschiedlicher Gesellschaftsordnung getan. Das hat zweifellos große Bedeutung nicht nur für die zwei vertragschließenden Staaten selbst, sondern weit darüber hinaus. Man denke nur daran, daß das ungeregelte Verhältnis zwischen der DDR und der BRD immer wieder als Vorwand benutzt wurde, um andere Entspannungsschritte zu blockieren. Wenn die Beziehungen entsprechend dem vorliegenden Vertrag geregelt werden, so dient das der Entspannung und der Sicherheit in Europa./

Wie war ein solches Ergebnis möglich?

Vor allem muß man die Ver- …

*Titelseite der* SED-*Zeitung* „Neues Deutschland" *vom* 9. November 1972.

MATERIAL

## 5 „Kein Sondercharakter"

*Der Staatsratsvorsitzende der* DDR, *Erich Honecker, stellt dem* ZK *der* SED *auf seiner* 9. *Tagung am* 28. Mai 1973 *seine Interpretation des Grundlagenvertrages vor.*

Bei dem Grundlagenvertrag – darauf möchte ich nochmals hinweisen – handelt es sich um einen normalen völkerrechtlichen Vertrag, der zwischen zwei voneinander unabhängigen, souveränen Staaten mit unterschiedlicher Gesellschaftsordnung abgeschlossen wurde. Er entspricht den Prinzipien der friedlichen Koexistenz, und ganz in diesem Sinne werden wir ihn auch nach Geist und Buchstaben verwirklichen. Natürlich gehören dazu zwei. Man muss erwarten, dass die andere Seite genauso verfährt. Offenbar sind Wünsche aus alten Zeiten die Väter des Gedankens, wenn manche Leute in der BRD trotzdem immer wieder irgendeinen vom allgemeinen Völkerrecht abweichenden „Sondercharakter" der Beziehungen zwischen der DDR und der BRD konstruieren wollen. Klar und eindeutig besagen die Bestimmungen des Berliner Vertrages über die Grundlagen der Beziehungen zwischen der DDR und der BRD: Die DDR ist kein Inland der BRD und die BRD kein Inland der DDR. Als definitive völkerrechtliche Regelung der Beziehungen zwischen zwei souveränen Staaten ist der Berliner Vertrag kein Modus Vivendi[1], und nach der Logik der Dinge gibt es darum auch keine „offene deutsche Frage". Wer sich ständig darauf versteift, das Gegenteil zu behaupten, verschwendet nur Zeit. […]
Wer die seit Beendigung des Zweiten Weltkrieges vergangenen Jahrzehnte prüft, wer sich die Vorgeschichte der Entstehung der DDR und der BRD vergegenwärtigt, wer die Entwicklung der DDR und ihre Perspektiven einigermaßen übersieht und begreift, der wird eingestehen müssen, dass nicht Sprache und Kultur die Grenze zwischen

der Deutschen Demokratischen Republik und der Bundesrepublik Deutschland gezogen haben, sondern die unterschiedliche, ja, gegensätzliche soziale Struktur der Deutschen Demokratischen Republik und der Bundesrepublik Deutschland.

[1] Modus Vivendi = Form eines erträglichen Zusammenlebens zweier Parteien/Systeme ohne Rechtsgrundlage oder völlige Übereinstimmung

zit. nach: Bundesministerium für innerdeutsche Beziehungen (Hrsg.), Texte zur Deutschlandpolitik, Bd. 12, Bonn (Deutscher Bundes-Verlag), 1973, S. 647 f. und S. 652.

MATERIAL

## Deutsch-deutsche Beziehungen in der DDR-Verfassung 6

*Die Verfassungen der DDR von 1968 und 1974 spiegeln die Entwicklung der deutsch-deutschen Beziehungen aus der Sicht der SED wider.*

*a) Verfassung 1968*

### Artikel 6

(1) Die Deutsche Demokratische Republik hat getreu den Interessen des deutschen Volkes und der internationalen Verpflichtung aller Deutschen auf ihrem Gebiet den deutschen Militarismus und Nazismus ausgerottet und betreibt eine dem Frieden und dem Sozialismus, der Völkerverständigung und der Sicherheit dienende Außenpolitik.

(2) Die Deutsche Demokratische Republik pflegt und entwickelt entsprechend den Prinzipien des sozialistischen Internationalismus die allseitige Zusammenarbeit und Freundschaft mit der Union der Sozialistischen Sowjetrepubliken und den anderen sozialistischen Staaten.

### Artikel 8

(2) Die Herstellung und Pflege normaler Beziehungen und die Zusammenarbeit der beiden deutschen Staaten auf der Grundlage der Gleichberechtigung sind nationales Anliegen der Deutschen Demokratischen Republik. Die Deutsche Demokratische Republik und ihre Bürger erstreben darüber hinaus die Überwindung der vom Imperialismus der deutschen Nation aufgezwungenen Spaltung Deutschlands, die schrittweise Annäherung der beiden deutschen Staaten bis zu ihrer Vereinigung auf der Grundlage der Demokratie und des Sozialismus.

*b) Verfassung 1974*

### Artikel 6

(1) Die Deutsche Demokratische Republik hat getreu den Interessen des Volkes und den internationalen Verpflichtung auf ihrem Gebiet den deutschen Militarismus und Nazismus ausgerottet. Sie betreibt eine dem Sozialismus und dem Frieden, der Völkerverständigung und der Sicherheit dienende Außenpolitik.

(2) Die Deutsche Demokratische Republik ist immer und unwiderruflich mit der Union der Sozialistischen Sowjetrepubliken verbündet. [...] Die Deutsche Demokratische Republik ist untrennbarer Bestandteil der sozialistischen Staatengemeinschaft. [...]

### Artikel 8

(1) Die allgemein anerkannten, dem Frieden und der friedlichen Zusammenarbeit der Völker dienenden Regeln des Völkerrechts sind für die Staatsmacht und jeden Bürger verbindlich.

(2) Die Deutsche Demokratische Republik wird niemals einen Eroberungskrieg unternehmen oder ihre Streitkräfte gegen die Freiheit eines anderen Volkes einsetzen.

[Die hier ungekürzt wiedergegebenen Artikel 8 (1) und (2) sind textidentisch mit Artikel 8 (1) in der Verfassung von 1968. Weitere Aussagen zum deutsch-deutschen Verhältnis werden in der Verfassung nicht gemacht.]

a) aus: Nationalrat der Nationalen Front des demokratischen Deutschland (Hrsg.), Verfassung der Deutschen Demokratischen Republik, o. O., o. J. b) Verfassung der Deutschen Demokratischen Republik, Staatsverlag der DDR, 2. Auflage 1975.

MATERIAL

## 7 „… weiterhin viele Probleme", Honecker 1980

*Erich Honecker äußerte sich zu aktuellen Fragen der Innen- und Außenpolitik der DDR auf der Aktivtagung zur Eröffnung des Parteilehrjahres 1980/81 in Gera am 13. Oktober 1980.*

Die Deutsche Demokratische Republik strebt nach gutnachbarlichen Beziehungen zur Bundesrepublik Deutschland, und ebenso wie gegenüber anderen westlichen Staaten ist ihre Politik auch hier die Politik der friedlichen Koexistenz. […]
Natürlich kann man nicht übersehen, dass zwischen der DDR und der BRD weiterhin viele Probleme bestehen und wir von einer umfassenden Normalisierung noch ein beträchtliches Stück entfernt sind. Die Hauptursache dafür sind fortgesetzte Versuche der BRD, in den Beziehungen zur DDR, unter Verletzung des Grundlagenvertrages, entscheidende Prinzipien der Souveränität unseres Staates zu missachten. […]
Das gilt vor allem für die Anerkennung der Staatsbürgerschaft der DDR. Da die BRD an völkerrechtswidrigen Konzeptionen festhält und sich weigert, die Staatsbürgerschaft der DDR zu respektieren, wird die Personalhoheit unseres Staates geleugnet. […]
Wir halten es für notwendig, dass sich die BRD in der Frage der DDR-Staatsbürgerschaft endlich auf die Realitäten besinnt, was ihr auf die Dauer ohnehin nicht erspart bleibt. Das würde es auch erleichtern, die dringendsten praktischen Fragen im Reiseverkehr, im Rechtshilfeverkehr und auf verschiedenen anderen Gebieten zu regeln. Überfällig ist die Auflösung der sogenannten „Zentralen Erfassungsstelle"[1] Salzgitter. Schluss gemacht werden muss mit der Ausstellung vorläufiger Reiseausweise der BRD für Bürger der DDR bei deren zeitweiligem Aufenthalt in der BRD, ebenso mit der Ausstellung von BRD-Pässen für Bürger der DDR durch Botschaften der BRD in dritten Staaten.
Wir halten auch die Zeit für gekommen, auf diplomatischem Gebiet, so wie es den Beziehungen zwischen zwei souveränen, voneinander unabhängigen Staaten zukommt, Botschafter auszutauschen, das heißt, die Ständigen Vertretungen der DDR und der BRD in das zu verwandeln, was dem Völkerrecht entspricht – in Botschaften. […]

[1] Zentrale Erfassungsstelle = Sie sammelte seit dem 24. November 1961 im Auftrag der Landesjustizverwaltungen der Bundesrepublik strafrechtlich relevante Informationen u. a. zu politischen Verfahren in der DDR und zu Tötungsversuchen bzw. vollendeten Tötungen an der innerdeutschen Grenze.

Neues Deutschland, 14. Oktober 1980, S. 4.

1. Formulieren Sie eine Antwortnote auf den Friedensplan aus Sicht der Bundesrepublik Deutschland. (M 1)
2. Erläutern Sie das Konzept „Wandel durch Annäherung". (M 2)
3. Analysieren Sie den Charakter der deutsch-deutschen Beziehungen aus der Argumentation Willy Brandts. (M 3)
4. Arbeiten Sie aus dem „Grundlagenvertrag" das grundlegend Neue gegenüber den deutsch-deutschen Beziehungen bis 1972 heraus, und beurteilen Sie, inwieweit das Konzept der „friedlichen Koexistenz" (M 1) oder das Konzept des „Wandels durch Annäherung" (M 2) in dem Grundlagenvertrag kodifiziert sind. (M 4)
5. Nehmen Sie zu Honeckers Interpretation Stellung. (M 5)
6. Skizzieren Sie die Entwicklung der deutsch-deutschen Beziehungen anhand der Verfassungsentwicklung in der DDR. (M 6)
7. Arbeiten Sie die „Geraer Forderungen" Honeckers heraus. Ordnen Sie sie in den historischen Kontext der Jahre 1979/80 ein und interpretieren Sie sie.

## 2.2 Die Wirtschaft der DDR in den 80er-Jahren – *sozialistischer Traum oder sozialistisches Trauma?*

*Plakat zum* SED-*Parteitag* 1986; VEB *Feinkost Leipzig* 1980.

*Phasen der DDR-Wirtschaft*

Die Wirtschaftsgeschichte der DDR lässt sich in unterschiedliche Phasen einteilen: in Abhängigkeit von den Zwei-, Fünf- oder Siebenjahresplänen; entlang innenpolitischer Entwicklung: bis zum 17. Juni 1953, bis zum Mauerbau 1961, bis zum Einmarsch in Prag, bis zum Machtwechsel Ulbricht – Honecker usw.; anhand weltpolitisch bedeutsamer Vorgänge und Ereignisse: Korea-Krieg, Ölkrise 1973, NATO-Doppelbeschluss. Welche Segmentierung man auch vornimmt, eines bleibt immer gleich: die Diskrepanz zwischen Planung und Realität. Die Kollektivierung der Landwirtschaft, Sozialisierung von Handel und Gewerbe, die Fokussierung zunächst auf den Ausbau der Schwerindustrie, das Schaffen eigentlich der Theorie widersprechender ökonomischer Anreize in der kurzen Phase der NÖSPL (1963–1965) usw. haben nicht dazu geführt, den Westen ein- geschweige denn zu überholen.

Kurze Zeiträume relativer wirtschaftlicher Stabilisierung nach dem Mauerbau oder Anfang der 70er-Jahre, die sich insbesondere in einer verbesserten Versorgung der Bevölkerung zeigten, konnten nicht über das im Kern marode System hinwegtäuschen. Schwerfälligkeit und mangelnde Flexibilität einer zentralen Planung der Volkswirtschaft, hohe Subventionen für die Absicherung der Grundbedürfnisse der Bevölkerung: Grundnahrungsmittel, Mieten inkl. Nebenkosten, Kleidung, öffentliche Verkehrsmittel, soziales Sicherungssystem und ein hohes Maß von Abhängigkeit vom Weltmarkt, der kapitalistisch organisiert war und nur auf der Basis konvertierbarer Währungen funktionierte, führten neben anderen Gründen zu einem ökonomisch und auch ökologisch unhaltbaren Zustand. Die DDR stand 1989/90 unmittelbar vor dem Staatsbankrott.

*Innerdeutscher Handel und Deviseneinnahmen*

Dabei hatte die DDR gegenüber den anderen RGW-Staaten noch den unschätzbaren Vorteil, aufgrund der politischen Grundhaltung der Bundesrepublik Deutschland für diese kein Ausland zu sein. Der sogenannte „innerdeutsche Handel" wurde seitens der Bundesrepublik steuerlich begünstigt, fand praktisch ohne Zoll statt, wodurch die DDR quasi ein Mitglied der EWG/EG wurde, und sicherte dank der besonderen Kreditvereinbarungen („Swing" = besondere Form des zinslosen Überziehungskredites) ca. 25 % des DDR-Handels mit der Bundesrepublik ab. Darüber hinaus flossen jährlich hohe dreistellige Millionenbeträge aus der Bundesrepublik in die Staatskasse der DDR, und zwar in Form der Transitpauschale (für die Benutzung der Verkehrswege zwischen der Bundesrepublik und Westberlin), sowie durch Visagebühren und Mindestumtausch von Bundesbürgern im Verhältnis 1:1. Ab 1964 mussten pro Person und Tag 5,00 DM umgetauscht werden, ab 1980 25,00 DM. Der offizielle Umtauschkurs zwischen DM und MDN – Mark Deutscher Notenbank – lag bei etwa 1:4. Hinzu kam die Abschöpfung von Devisen in der Handelskette „Intershop". In diesen Geschäften konnten DDR-Bürger gegen konvertierbare Devisen, in der Regel DM oder US-Dollar, Westwaren kaufen. In der Konsequenz war die DM damit in der DDR eine Parallelwährung, die zu einer Parallelwirtschaft und zu einer Zwei-Klassen-Gesellschaft führte, nämlich einerseits diejenigen mit Westkontakten und andererseits die ohne solche Verbindungen. In diese zweite Kategorie fielen nahezu alle Funktionäre der SED und der anderen relevanten Gruppen, da sie keine Westkontakte haben durften. Die Führungsebene der SED hatte in ihrem Ghetto in Berlin-Wandlitz allerdings keinerlei Versorgungsprobleme, für sie gab es eigens den VEB Letex, der die Versorgung mit Waren aus dem nicht-sozialistischen Wirtschaftsgebiet (NSW) sicherstellte.

Berlin, Prenzlauer Berg 1981.

MATERIAL 1

## Wirtschaftssektoren in der Bundesrepublik und der DDR

*Der Entwicklungsstand einer modernen Gesellschaft spiegelt sich in der Verteilung der Erwerbstätigen in den Wirtschaftssektoren wider. Die Tabelle zeigt den Anteil der Wirtschaftssektoren an den Erwerbstätigen in BRD und DDR in Prozent.*

| *Sektor* | *Bundesrepublik* | | | | | DDR | | | | |
|---|---|---|---|---|---|---|---|---|---|---|
| | 1950 | 1960 | 1970 | 1980 | 1989 | 1950 | 1960 | 1970 | 1980 | 1989 |
| primär | 24,6 | 13,8 | 8,5 | 5,2 | 3,9 | 26,2 | 16,2 | 11,8 | 9,8 | 10,0 |
| sekundär | 42,9 | 47,7 | 48,9 | 43,4 | 39,6 | 43,4 | 46,3 | 48,1 | 46,9 | 45,0 |
| tertiär | 32,5 | 38,5 | 42,6 | 51,4 | 56,5 | 30,4 | 37,5 | 40,1 | 43,4 | 45,0 |
| davon Staat | 10,0 | 8,1 | 1,2 | 14,6 | 15,5 | 10,3 | 14,3 | 17,4 | 19,5 | 20,9 |

zit. nach: Siegfried Kupper, Ziele und Folgen des zentralgelenkten sektoralen und regionalen Strukturwandels in der DDR-Planwirtschaft, in: Eberhard Kuhrt (Hrsg.), Die Endzeit der DDR-Wirtschaft – Analysen zur Wirtschafts-, Sozial- und Umweltpolitik, Am Ende des realen Sozialismus, Bd. 4, im Auftrag des Bundesministeriums des Innern, Opladen (Leske + Budrich) 1999, S. 99–149, S. 119.

MATERIAL 2

## Grobablauf des Planungsprozesses in der DDR-Volkswirtschaft

1. Informationsaustausch zwischen Betrieben einerseits und Kombinaten/VVB, Wirtschaftsräten der (Territorial-)Bezirke andererseits über betriebliche, regionale und zentrale Prognosen und Analysen, Konzeptionen der Industriebranchen und -bereiche, internationale Wirtschaftsverträge und Regierungsabkommen
2. Aufstellen einer Plankonzeption durch den Betrieb (Entwicklungsziele für Wachstum und Effektivität, Hauptproportionen, Grobbilanzierung)
3. Übergabe strategischer Vorgaben vom SED-Politbüro und den ZK-Fachabteilungen an den DDR-Ministerrat und die Staatliche Plankommission (SPK) nach wechselseitiger Information über volkswirtschaftliche Prozesse und wirtschafts- und sozialpolitische Prioritäten
4. Erstellen der Staatlichen Planaufgabe (zentral „gewünschte“ Produktionskennziffern beim Ministerrat, der SPK und den Fachministerien)
5. Übergabe der Staatlichen Planaufgabe an die Kombinate/VVB bzw. Wirtschaftsräte der Bezirke
6. Umsetzung der Staatlichen Planaufgabe in den Plänen der Kombinate/VVB, Auffächerung nach Kombinatsbetrieben (bei selbständigen VEB übernehmen Wirtschaftsräte der Bezirke Funktion der Kombinate)
7. Übergabe der Staatlichen Planaufgabe an die Betriebe
8. Umsetzung der Staatlichen Planaufgabe in den Plänen der Betriebe
9. Laufende Abstimmung zwischen Betrieb und Kombinat/VVB bzw. Wirtschaftsrat des Bezirks
10. Erarbeiten eines Planentwurfs einschließlich der Planberatung in den Arbeitskollektiven, Bilanzierung und Abstimmung mit den Territorialverwaltungsorganen (Räte der Gemeinden, Kreise und Bezirke), Bilanzorganen (Ministerium, Kombinat oder Betrieb, der über die Verwendung von Materialien verfügen darf) und Bedarfsträgern (offiziell anerkannter, in der Regel seit langen Jahren aufgetretener Großabnehmer von Erzeugnissen, wie z. B. Finalproduzenten oder Großhandelsbetriebe)
11. Verteidigung des Planentwurfs des Betriebs vor dem Kombinat/VVB bzw. dem Wirtschaftsrat des Bezirks
12. Verteidigung des Planentwurfs des Kombinats/VVB vor dem Ministerium oder der SPK
13. Erteilen der Staatlichen Planauflage (zentral „geforderte“ Produktionskennziffern) an Kombinate/VVB
14. Übergabe der Staatlichen Planauflage an die Betriebe

15. Präzisierung der Planentwürfe von Betrieben und Kombinaten/VVB entsprechend der Planauflage
16. Beginn der Plandurchführung
17. Kontrolle der Planerfüllung durch Betriebe und Kombinate/VVB bzw. dem Wirtschaftsrat des Bezirks

17.a Zeitweilig stellten Betriebe und Kombinate/VVB „Mehr-“ bzw. „Zusatzpläne“ auf, die den Planungsprozess noch einmal verlängerten.

18. „Seminare des Zentralkomitees und der SPK mit den Generaldirektoren der Kombinate“ aus Anlass der Leipziger Frühjahrsmesse: Änderung von laufenden Plänen auf zentralen Eingriff hin

zit. nach: Matthias Judt (Hrsg.), DDR-Geschichte in Dokumenten – Beschlüsse, Berichte, interne Materialien und Alltagszeugnisse, Berlin (Ch. Links), 1997, S. 125 f.

*Planerfüllung (und Übererfüllung) stellt ein wesentliches Element in der SED-Propaganda dar. Aktivist am 1. Mai 1983.*

MATERIAL

## 3 Nichterfüllung von Planvorgaben

*Die reale Umsetzung der Planung scheiterte häufig an Unzulänglichkeiten, wie z. B. Materialknappheit oder schlechter Produktionsqualität, da bei der Planerfüllung in erster Linie auf die Quantität geachtet wurde. Der Staatssekretär und Leiter der „Arbeitsgruppe Staats- und Wirtschaftsführung“ beim Ministerrat der DDR, Harry Möbis, beschreibt Konsequenzen.*

### Wachstumseinbußen durch Nichterfüllung der volkswirtschaftlich wichtigsten Planvorgaben

Mit den Beschlüssen unserer Partei wird gefordert, die zentrale staatliche Planung als Hauptinstrument des Staates für die planmäßig proportionale Entwicklung der Volkswirtschaft weiter zu festigen sowie die Autorität des Planes und seine Bilanziertheit weiter zu erhöhen.

Die Autorität des Planes erfuhr jedoch seit einigen Jahren zunehmend Einschränkungen dadurch, dass die im Gesetz beschlossenen staatlichen Auflagen mittels „Präzisierungen“ in steigendem Umfang reduziert wurden. Zum Beispiel wurde im Fünfjahrplanzeitraum 1981–1985 nur 1983 und 1984 die mit dem Gesetz zum Volkswirtschaftsplan festgelegte industrielle Warenproduktion erfüllt. 1986 und 1987 setzte sich die Tendenz der Nichterfüllung der durch die

Volkskammer beschlossenen Ziele fort. 1987 wurden die Ziele um [minus] 7,2 Mrd. M „präzisiert", bis 30. 6. 1988 bereits wiederum um [minus] 4,7 Mrd. M. Die den Kombinaten gestellten Leistungsziele und zusätzlich übernommenen Verpflichtungen konnten teilweise nicht materiell-technisch untersetzt werden. Ihre Nichterfüllung führte zu Disproportionen und Störungen in der Zulieferkette, bei der Versorgung der Bevölkerung und beim Export.
Ein wesentlicher Faktor für die Untererfüllung des geplanten Produktionszuwachses ist das unzureichende Wachstum einer Reihe von Staatsplanpositionen.[1] 1987 wurden bei 148 von insgesamt 396 über die Staatliche Zentralverwaltung für Statistik abgerechneten Staatsplanpositionen die staatlichen Aufgaben nicht realisiert. Das sind 36 Positionen mehr als im Jahr 1986 [...].

[1] „Staatsplanposition" erfasst die für die volkswirtschaftliche Entwicklung zentralen Größen: Rohstoffe, Energie, Industrieanlagen, Ersatzteile usw.

zit. nach: Gernot Gutmann, In der Wirtschaftsordnung der DDR angelegte Blockaden und Effizienzhindernisse für die Prozesse der Modernisierung, des Strukturwandels und des Wirtschaftswachstums; in: Eberhard Kuhrt (Hrsg.), Die Endzeit der DDR-Wirtschaft – Analysen zur Wirtschafts-, Sozial- und Umweltpolitik, Am Ende des realen Sozialismus Bd. 4, im Auftrag des Bundesministeriums des Innern, Opladen (Leske + Buderich) 1999, S. 1–57, S. 49.

MATERIAL 4

## „... würde die DDR unregierbar machen"

*Am 27. Oktober 1989 bezogen Fachleute (G. Schürer, G. Beil, A. Schalck-Golodkowski, E. Häfer und A. Donda) gegenüber Honecker warnend Stellung zur gesamtwirtschaftlichen Entwicklung der DDR. Unter Verweis auf die zu erhaltenden „sozialistischen Errungenschaften" wurden diese Bedenken zurückgewiesen.*

### Analyse der ökonomischen Lage der DDR mit Schlussfolgerungen

Die Feststellung, dass wir über ein funktionierendes System der Leitung und Planung verfügen, hält einer strengen Prüfung nicht stand. [Es] entwickelte sich ein übermäßiger Planungs- und Verwaltungsaufwand. Die Selbständigkeit der Kombinate und wirtschaftlichen Einheiten sowie der Territorien wurde eingeschränkt. [...] Dadurch trat u. a. eine Tendenz der Kostenerhöhung ein, wodurch die internationale Wettbewerbsfähigkeit abnahm. Das bestehende System der Leitung und Planung hat sich hinsichtlich der notwendigen Entwicklung der Produktion der „1000 kleinen Dinge" sowie der effektiven Leitung und Planung der Klein- und Mittelbetriebe [...] nicht bewährt, da ökonomische und Preis-Markt-Regelungen ausblieben. [...] Im [...] Vergleich der Arbeitsproduktivität liegt die DDR gegenwärtig um 40 % hinter der BRD zurück. [...] Die Verschuldung im nichtsozialistischen Wirtschaftsgebiet ist seit [1971] auf eine Höhe gestiegen, die die Zahlungsfähigkeit der DDR infrage stellt. [...] Die Konzentration der ohnehin zu geringen Investitionen auf ausgewählte Zweige hat zum Zurückbleiben in anderen Bereichen, darunter der Zulieferindustrie, geführt. Dazu kommt, dass große Investitionsobjekte mit bedeutendem Aufwand nicht den geplanten Nutzen erbracht haben. [Der] Verschleißgrad der Ausrüstungen in der Industrie hat sich von 47,1 % 1975 auf 53,8 % 1988 erhöht, im Bauwesen von 49 % auf 67 %, im Verkehrswesen von 48,4 % auf 52,1 % und in der Land-, Forst- und Nahrungsgüterwirtschaft von 50,2 % auf 61,3 %. In bestimmten Bereichen der Volkswirtschaft sind die Ausrüstungen so verschlissen, woraus sich ein überhöhter und ökonomisch uneffektiver Instandhaltungs- und Reparaturbedarf ergibt. [...] Die Verbindlichkeiten des Staatshaushaltes gegenüber dem [inländischen] Kreditsystem entwickelten sich aufgrund der höheren Ausgaben gegenüber den erreichten Einnahmen von rd. 12 Mrd. M 1970 auf [...] 123 Mrd. M 1988. In den Jahren 1989 und 1990 können die höheren Ausgaben des Staatshaushaltes gegenüber den Einnahmen nur durch zusätzliche Kreditaufnahme in Höhe von 20 Mrd. M erreicht werden, sodass die Gesamtverschuldung 1990 insgesamt 140 Mrd. M beträgt. [...]
[In] den Jahren 1971–1980 wurden [Waren im Werte von] 21 Mrd. VM[1] mehr [aus dem NSW] importiert als [dorthin DDR-Waren] exportiert. [Die daher notwendige Kreditaufnahme und die

erforderlichen Zinszahlungen] sind die Hauptursache des heutigen außergewöhnlich hohen Schuldenberges. [...] Exportüberschüsse [in den Jahren 1981–1986] ermöglichten es, den [Schuldensaldo in diesen Jahren] etwa auf gleichem Niveau in Höhe von 28 Mrd. VM zu halten. [... Der deswegen eingetretene Anstieg des Schuldensockels] entspricht damit etwa dem 4-fachen des Exports des Jahres 1989. [...] Die DDR hat, bezogen auf den NSW-Export, 1989 eine Schuldendienstrate von 150%. Die Lage in der Zahlungsbilanz wird sich [...] 1990 weiter verschärfen. [Zur] Aufrechterhaltung der Zahlungsfähigkeit [der DDR in den folgenden Jahren müssten hohe] Exportüberschüsse erreicht werden [...]
Allein das Stoppen der Verschuldung würde im Jahre 1990 eine Senkung des Lebensstandards um 25–30% erfordern und die DDR unregierbar machen. [...]

[1] VM = Valutamark = DM (Die Benutzung der Bezeichnung „DM" für die konvertierbare harte Währung der Bundesrepublik war verpönt.)

zit. nach: Matthias Judt (Hrsg.), DDR-Geschichte in Dokumenten – Beschlüsse, Berichte, interne Materialien und Alltagszeugnisse, rsBerlin (Ch. Links), 1997, S. 145 ff.

MATERIAL

## 5 Verschleiß und Modernisierungsbedarf

*Am Beispiel der Maschinen und Fahrzeuge in der Bauindustrie ist der Verschleißgrad bzw. Modernisierungsbedarf ablesbar. Stand:* Mai 1988, *Bestand und Auslastung produktivitätsbestimmender Maschinengruppen*

| *Maschinentyp* | *Bestand* | | | *Auslastung 1987* | | |
|---|---|---|---|---|---|---|
| | gesamt | nicht mehr modernisierungsfähig 1979 (%) | nicht mehr modernisierungsfähig 1987 (%) | Soll* | Ist* | Ist (%) |
| Turmdrehkrane | 907 | 35,2 | 36,0 | 11,9 | 12,6 | 105,9 |
| Mobildrehkrane | 275 | 62,9 | 86,4 | 8,7 | 9,1 | 104,6 |
| Autodrehkrane | 1980 | 39,8 | 92,3 | 8,1 | 8,6 | 106,2 |
| Bagger | 1950 | 20,0 | 91,1 | 7,5 | 8,0 | 106,7 |
| Planierraupen | 1349 | 41,0 | 90,5 | 7,1 | 7,5 | 105,6 |
| Lader T 174 | 2421 | 17,0 | 82,0 | 6,3 | 7,0 | 111,1 |
| Mischanlagen | 301 | 22,5 | 74,0 | 8,8 | 8,9 | 101,1 |
| Transportbetonfahrzeuge | 979 | 20,6 | 44,9 | 8,0 | 8,5 | 106,3 |
| Zugmaschinen und Sattelzugmaschinen | 1902 | 21,6 | 34,1 | 9,4 | 10,0 | 106,4 |
| Tieflader und Plattenanhänger | 1159 | 18,7 | 73,0 | 8,8 | 9,6 | 109,1 |
| LKW-Kipper | 7280 | 30,0 | 65,1 | 8,4 | 9,9 | 107,1 |
| Gabelstapler | 5075 | 18,7 | 60,0 | – | – | – |

[1] [Einsatz-]Stunden/Arbeitstag

zit. nach: Matthias Judt (Hrsg.), DDR-Geschichte in Dokumenten – Beschlüsse, Berichte, interne Materialien und Alltagszeugnisse, Berlin (Ch. Links), 1997, S. 159.

MATERIAL 6

## Ausgaben für die „2. Lohntüte" 1971 und 1989

*Staatliche Subventionen für Güter und Dienstleistungen des täglichen Bedarfs dienten als Indikator dafür, dass die Politik der SED der ausgewogenen Wirtschafts- und Sozialpolitik „zum Wohle des Volkes" erfolgte.*

| *Ausgabeposten* | *Ausgaben in Mrd. Mark 1971* | *Ausgaben in Mrd. Mark 1989* |
|---|---|---|
| Wohnungswesen | 2,1 | 16,6 |
| Sicherung stabiler Preise für Waren des Grundbedarfs und Tarife | 8,5 | 51,0 |
| Bildung [...] und Erwachsenenqualifizierung | 5,8 | 15,7 |
| [medizinische Betreuung], Unterstützung von Mutter und Kind sowie Betreuung älterer Bürger | 2,5 | 8,4 |
| [...] Renten, Krankengeld, Arzneien, Schwangerschafts- und Wochengeld | 6,2 | 18,2 |
| Erholung [und Ausgaben für Kultur und Sport] | 1,1 | 4,1 |
| **Insgesamt** | 26,2 | 114,0 |

zit. nach: Matthias Judt (Hrsg.), DDR-Geschichte in Dokumenten – Beschlüsse, Berichte, interne Materialien und Alltagszeugnisse, Berlin (Ch. Links) 1997, S. 161.

MATERIAL 7

## Umweltschutz in der DDR

*Der Umwelt galt nicht das Hauptaugenmerk der politisch Verantwortlichen. Die Versalzung von Flüssen (Werra), unkontrollierte Giftmülldeponien (z. B. im Bereich Leuna/Buna), Luftverschmutzung und Bodenerosion, insbesondere durch den Abbau und das Verbrennen der Braunkohle als überwiegendem Hausbrandmittel und zur Energiegewinnung waren Folgen der Fokussierung aller Pläne auf Produktionserfolge.*

*a) „Persönlich-vertrauliche Information" des Umweltministers Hans Reichelt vom 7. April 1987 für Günter Mittag*

[...]

Zusammenfassend ergibt sich:

1. Die Luftbelastung in der Hauptstadt Berlin wurde von 1980 bis 1983 um 50 Prozent (Staub) bzw. um 40 Prozent (Schwefeldioxid) gesenkt. Diese Entwicklung wird seither nicht weitergeführt, vielmehr ist bis 1990 ein Wiederanstieg des Staubausstoßes um 33 Prozent zu erwarten. Der Schwefeldioxidausstoß erreicht 1988 wieder nahezu den Ausgangswert von 1980 und liegt 1990 um 8 Prozent über den Werten von 1983/84.

2. In Westberlin ist bis 1993 eine Senkung des Ausstoßes von Luftschadstoffen um 70 Prozent (Staub) bzw. 75 Prozent (Schwefeldioxid) vorgesehen. [...]

3. Die Luftbelastung der Hauptstadt Berlin liegt etwa doppelt so hoch wie in Paris und London, gegenüber New York und Tokio beträgt sie mehr als das Dreifache. Diese Situation wird bis 1990 nicht verändert, eher ist ein noch deutlicherer Abstand zu anderen Großstädten zu erwarten.

4. Die Belastung der Hauptstadt Berlin wird im Durchschnitt zu etwa 25 Prozent durch Ferneinträge vor allem aus dem Lausitzer Braunkohlengebiet und aus dem Raum Halle-Leipzig verursacht. Diese Belastungen steigen unter ungünstigen meteorologischen Bedingungen vor allem bei Südost- und Südweströmungen bis auf 80 Prozent an. Das hohe Ausmaß der Belastung führt bei diesen Lagen zur Beeinträchtigung der Gesundheit, insbesondere von Herz-Kreislauf- und Atemwegerkrankten, Kleinstkindern und älteren Bürgern. Derartige Belastungen im Januar und Februar 1987 führen zu einer großen Zahl von Eingaben und Anfragen von Bürgern bei den zuständigen Staatsorganen.

5. Um eine weitere Senkung der Luftbelastung an Staub und Schwefeldioxid in der Hauptstadt Ber-

lin zu erreichen, sollten Maßnahmen in folgender Richtung untersucht werden:

– der weitere Ausbau der Fernwärmeversorgung, verbunden mit spürbaren Leistungen zur rationellen Energieanwendung im Raumwärmebereich,
– der verstärkte Einsatz von Erdgas und Ferngas zur Wärmeerzeugung in kleineren Heizanlagen und zur individuellen Heizung vorrangig in den dicht besiedelten Stadtbezirken Mitte, Friedrichshain und Prenzlauer Berg,
– die Ablösung noch bestehender Heizprovisorien, vor allem im Bahnbetriebswerk Schöneweide, und die Ausrüstung weiterer Luftschadstoffe ausstoßender Anlagen mit wirksamer Rückhaltetechnik [...]
– die Minderung der Ferneinträge, insbesondere von den Großkraftwerken der Lausitz und im Raum Halle-Leipzig. [...]

SAPMO BArch, DY 30/vorl. SED 41768, Bd.2; zit. nach: Wolfgang Stinglwagner, Die Energiepolitik der DDR und ihre wirtschaftlichen und ökologischen Folgen; in: Eberhard Kuhrt (Hrsg.), Die Endzeit der DDR-Wirtschaft – Analysen zur Wirtschafts-, Sozial- und Umweltpolitik, Am Ende des realen Sozialismus Bd. 4, im Auftrag des Bundesministeriums des Innern, Opladen (Leske + Buderich) 1999, S. 189–223, S. 221.

*b) Abfallsee der Filmfabrik Wolfen, Bitterfeld 1991*

c) *Das DDR-Umweltministerium übergab am* 2. März 1990 *der Regierung* Modrow *Empfehlungen für ein ökologisches* Notprogramm:

Die gegenwärtige Situation auf dem Gebiet der Abproduktewirtschaft ist dadurch gekennzeichnet, dass der Anfall von Abprodukten und ihre ökologische Bedenklichkeit ständig zunimmt, weil Wirtschaftsstrategien vorherrschten, die überwiegend ökonomischen Gesichtspunkten unterlagen und ökologische Erfordernisse vernachlässigten. Sowohl die bestehenden gesetzlichen Grundlagen als auch ökonomische Regelungen bewirkten nicht, dass der Vermeidung und Verwertung von Abprodukten der Vorrang vor ihrer Beseitigung eingeräumt wurde. Obwohl die DDR bei der Verwertung von Abprodukten, speziell auf dem Gebiet traditioneller Sekundärrohstoffe, international ein beachtliches Niveau erreicht hat, werden die Möglichkeiten bei industriellen Abprodukten bei weitem nicht ausgeschöpft. Hier werden bisher überwiegend Abprodukte verwertet, die mit einfachen Technologien zu erschließen sind. Auch bei steigender Vermeidung und Verwertung von Abprodukten wird der Abfallberg weiter anwachsen.
Die Hauptform der Beseitigung von Abprodukten in der DDR ist die Deponierung.
Anlagen für die Volumenreduzierung oder Vorbehandlung zur Schadstoffeliminierung sind nur in geringem und nicht ausreichendem Umfang vorhanden und entsprechen mit ihrer Ausrüstung nicht dem internationalen Stand. Mangelnde materiell-technische und personelle Voraussetzungen sind die Gründe dafür, dass die Bewirtschaftung von Deponien völlig unzureichend ist.
Gegenwärtig besteht kein lückenloser Nachweis über Anzahl und Zustand von Ablagerungsflächen und das sich daraus ergebende Gefährdungspotenzial. Das trifft auch auf die schätzungsweise 3000 altlastenverdächtigen Standorte zu.
Problematisch ist, dass die Deponiekapazität generell knapp bemessen und der überwiegende Teil in absehbarer Zeit in seiner Aufnahmefähigkeit erschöpft ist. […]

zit. nach: Hannsjörg F. Buck, Umweltbelastung durch Müllentsorgung und Industrieabfälle in der DDR; in: Eberhard Kuhrt (Hrsg.), Die Endzeit der DDR-Wirtschaft – Analysen zur Wirtschafts-, Sozial- und Umweltpolitik, Am Ende des realen Sozialismus Bd. 4, im Auftrag des Bundesministeriums des Innern, Opladen (Leske + Buderich) 1999, S. 455–497, S. 497.

1. Vergleichen Sie die Entwicklung der Erwerbstätigen nach Wirtschaftssektoren in der Bundesrepublik und der DDR. (M 1)
2. Überlegen Sie, welche Parameter (z. B. Arbeitskraft/Investitionen/regionale Strukturförderung/…) des Wirtschaftsprozesses in den einzelnen Planungsschritten miteinander kombiniert werden müssen. (M 2)
3. Erläutern Sie Gründe für die Nichterfüllung wichtiger Planvorgaben, indem Sie anhand der Quelle die Grenzen der Planbarkeit aufzeigen und um weitere Aspekte ergänzen. (M 3)
4. Beurteilen Sie vor dem Hintergrund, dass die DDR hoch subventionierte Exporte in die NSW-Staaten liefern musste, um an Devisen zu gelangen, die Situation und Entwicklungsmöglichkeiten der DDR-Wirtschaft 1989. (M 4)
5. Erläutern Sie die Tabelle. (M 5)
6. Verteidigen Sie die Subventionspolitik der DDR vor dem Hintergrund der damit verbundenen politischen Zielsetzungen. Informieren Sie sich über die Subventionspolitik der Bundesrepublik und der EU und nehmen Sie zu staatlichen Subventionen insgesamt Stellung. (M 6)
7. Begründen Sie, weshalb ein privatkapitalistisches Wirtschaftssystem wie in der Bundesrepublik mit der Umwelt schonender umgeht als eine staatlich gelenkte Planwirtschaft wie in der DDR. (M 7a–c)

## 2.3 Opposition in der DDR – Macht durch Gewaltlosigkeit?

*Die Umweltbibliothek im Keller der Zionskirche Berlin 1987 sollte eine alternative Informationsquelle gegenüber den staatlichen Stellen bieten.*

**Anspruch und Realität**

Der Widerspruch zwischen dem von der Regierung propagierten Ziel der Befreiung des Menschen aus unhaltbaren Zuständen, die im Wesentlichen durch wirtschaftliche Abhängigkeit und Ausbeutung bestimmt sind, und der Realität der DDR unter der SED-Herrschaft konnte größer nicht sein. Eine Regierung/eine Partei, die gezwungen war, das gesamte Volk einzusperren (Grenzbefestigungsanlagen mit Schießbefehl und Selbstschussanlagen, vgl. Kap. 1.3), ihm abgrundtief zu misstrauen (Aufblähung des Ministeriums für Staatssicherheit, vgl. Kap. 1.1), es unmündig zu halten und ihm elementare Menschenrechte vorzuenthalten (Zensur/Einschränkung der Informations- und Meinungsfreiheit), damit sie sich selbst an der Macht hielt, befand sich in einer permanenten existenziellen Krise. Äußeres Kennzeichen dieser Entwicklung zum totalitären Staat war z. B. die völlige Abschottung der Führungsnomenklatura vom eigenen Volk in Berlin-Wandlitz.

**Formen der Opposition**

Opposition – auch in einem außerparlamentarischen Sinne – war in der DDR nicht vorgesehen. Weil die Partei „immer Recht hatte" und alles nur „zum Wohle des Volkes" tat, war Opposition aus der Sicht der Herrschenden widersinnig. Ihr begegnete man offiziell mit dem Strafgesetzbuch: Staatsfeindliche Hetze (§ 106), Zusammenrottung (§ 217) und Öffentliche Herabwürdigung (§ 220) waren nur drei der infrage kommenden Paragrafen, mit denen der Repressionsapparat sich zur Wehr setzte. Schon das Stellen eines Ausreiseantrages, der offensichtlichsten und gleichzeitig am wenigsten aggressiven Form des Sich-nicht-einverstanden-Erklärens mit der Politik der SED, konnte mithilfe des Strafgesetzbuches verfolgt werden.

Neben eher konspirativen Formen des Widerstandes, wie sie in einem totalitären System üblich sind, entwickelte sich in der DDR ein vielschichtiges, offenes Opponieren gegen Maßnahmen des Staates. Von Beginn an kam es zu innerparteilichen Dissonanzen, und einstmals führende Vertreter der Ideologie (Ackermann, Herrnstadt, Zaisser) wurden degradiert, inhaftiert und später häufig wieder rehabilitiert – wie es gerade in die politische Großwetterlage, d. h. den aus Moskau kommenden Direktiven, passte. Darin spiegeln sich typische Willkürmaßnahmen totalitärer Staaten wider: Was heute noch erlaubt ist, kann morgen schon verboten sein – und umgekehrt. Was offiziell gefordert wird, z. B. den Sozialismus in einem dialektischen Prozess weiterzuentwickeln, wird, wenn es denn geschieht, als Kritik am Bestehenden, und damit an der Rolle der Partei begriffen und geahndet. Betroffen waren davon alle Bevölkerungsgruppen: Intellektuelle, „Kulturschaffende", Vertreter von Kirchen usw. In einem solchen politischen Raum stellte schon die Existenz von Friedens- oder Umweltgruppen eine unerlaubte Kritik dar, konnte doch aus ihrer Präsenz geschlossen werden, dass die Partei diese Perspektiven nicht hinreichend in ihrer Politik berücksichtigte.

*KSZE, Solidarność, Perestroika*

Da die eigene Bevölkerung über Westfernsehen, Westrundfunk und Westkontakte genauestens darüber informiert war, was in der Welt wirklich geschah, wurde der steigende Widerspruch zwischen Propaganda und Realität sichtbar. Infolge des KSZE-Prozesses ab 1975, der Entwicklung in Polen ab 1978/80 (Wahl Karol Wojtyłas zum Papst/Solidarność) und nicht zuletzt der Veränderungen in der Sowjetunion unter Gorbatschow (Perestroika/Glasnost) nahm der Protest in der DDR an Vielfalt und Intensität zu. Orientierung lieferten dabei auch die Bürgerinitiativen in der Bundesrepublik. Insbesondere unter dem Dach der Kirche entstanden Freiräume, die vor allem Jugendliche zu nutzen verstanden („Schwerter zu Pflugscharen"). Das Ende der DDR ist damit nicht nur ein Ergebnis des Jahres1989, sondern eines langanhaltenden, vielschichtigen Diffusionsprozesses.

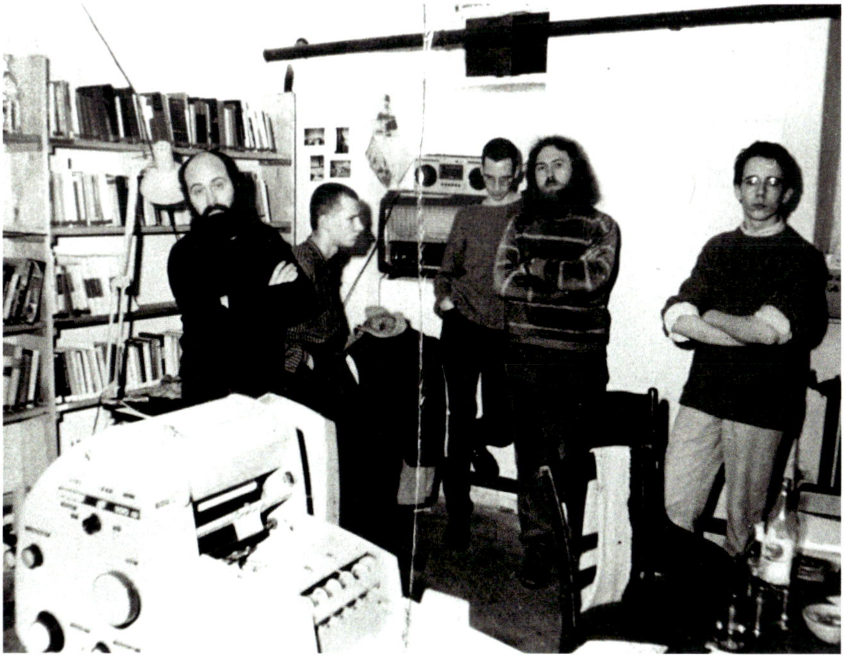

*Die Umweltbibliothek wurde 1987 von der Staatssicherheit durchsucht und die hier abgebildeten Personen festgenommen. Das Foto ist von der Stasi aufgenommen, die es 1989 vernichten wollte, daher der Riss in der Bildmitte.*

MATERIAL

## 1 Die Schlussakte von Helsinki (KSZE)

*Mit der Schlussakte von Helsinki endete am 1. August 1975 die zwei Jahre dauernde Konferenz für Sicherheit und Zusammenarbeit in Europa (KSZE). Dieses Dokument stellt keinen völkerrechtlichen Vertrag dar, sondern einen Prinzipienkatalog mit hohem moralisch-politischem Anspruch. In sogenannten „Körben" wurden die Ergebnisse der einzelnen Themenkomplexe zusammengestellt: „Fragen der Sicherheit in Europa", „Zusammenarbeit in den Bereichen der Wirtschaft, der Wissenschaft und der Technik sowie der Umwelt", „Fragen der Sicherheit und Zusammenarbeit im Mittelmeerraum", „Zusammenarbeit in humanitären und anderen Bereichen", „Folgen der Konferenz".*

*a) Korb 1: „Fragen der Sicherheit in Europa"*
*VII. Achtung der Menschenrechte und Grundfreiheiten [...]*

Die Teilnehmerstaaten werden die Menschenrechte und Grundfreiheiten, einschließlich der Gedanken-, Gewissens-, Religions- oder Überzeugungsfreiheit für alle ohne Unterschied der Rasse, des Geschlechts, der Sprache oder der Religion achten.
Sie werden die wirksame Ausübung der zivilen, politischen, wirtschaftlichen, sozialen, kulturellen sowie der anderen Rechte und Freiheiten, die sich alle aus der dem Menschen innewohnenden Würde ergeben und für seine freie und volle Entfaltung wesentlich sind, fördern und ermutigen.
In diesem Rahmen werden die Teilnehmerstaaten die Freiheit des Individuums anerkennen und achten, sich allein oder in Gemeinschaft mit anderen zu einer Religion oder einer Überzeugung in Übereinstimmung mit dem, was sein Gewissen ihm gebietet, zu bekennen und sie auszuüben. [...]
Die Teilnehmerstaaten anerkennen die universelle Bedeutung der Menschenrechte und Grundfreiheiten, deren Achtung ein wesentlicher Faktor für den Frieden, die Gerechtigkeit und das Wohlergehen ist, die ihrerseits erforderlich sind, um die Entwicklung freundschaftlicher Beziehungen und der Zusammenarbeit zwischen ihnen sowie zwischen allen Staaten zu gewährleisten. [...]
Sie bestätigen das Recht des Individuums, seine Rechte und Pflichten auf diesem Gebiet zu kennen und auszuüben. [...]

*b) Korb 4 [In der ursprünglichen Konzeption war dies Korb 3.]: „Zusammenarbeit in humanitären und anderen Bereichen"*

### 1. Menschliche Kontakte

Die Teilnehmerstaaten,
[...]
Setzen sich zum Ziel, freiere Bewegung und Kontakte auf individueller und kollektiver, sei es auf privater oder offizieller Grundlage zwischen Personen, Institutionen und Organisationen der Teilnehmerstaaten zu erleichtern und zur Lösung der humanitären Probleme beizutragen, die sich in diesem Zusammenhang ergeben, [...]
Drücken ihre Absicht aus, nunmehr zur Durchführung des Folgenden zu schreiten:

**a) Kontakte und regelmäßige Begegnungen auf der Grundlage familiärer Bindungen**

Um die weitere Entwicklung von Kontakten auf der Grundlage familiärer Bindungen zu fördern, werden die Teilnehmerstaaten Gesuche auf Reisen wohlwollend prüfen mit dem Ziel, Personen zu erlauben, in ihr Territorium zeitweilig und, wenn gewünscht, regelmäßig einzureisen oder aus ihm auszureisen, um Mitglieder ihrer Familien zu besuchen.
Gesuche auf zeitweilige Besuchsreisen zum Zweck von Begegnungen mit Mitgliedern ihrer Familien werden ohne Unterschied hinsichtlich des Herkunfts- oder Bestimmungslandes behandelt werden; bestehende Bestimmungen hinsichtlich Reisedokumente und Visa werden in diesem Geiste angewendet werden. Die Ausstellung und Ausgabe solcher Dokumente und Visa werden innerhalb vernünftiger Fristen erfolgen; Dringlichkeitsfälle – wie ernste Erkrankung oder Todesfall – werden mit Vorrang behandelt werden. Sie werden die Schritte unternehmen, welche notwendig sein können, um zu gewährleisten, dass die Gebühren für amtliche Reisedokumente und Visa annehmbar sind. Sie bestätigen, dass die Einreichung eines Gesuchs betreffend Kontakte auf der Grundlage familiärer Bindungen zu keiner Veränderung der Rechte und Pflichten des Gesuchstellers oder seiner Familienmitglieder führen wird.

*Helmut Schmidt, Bundeskanzler der Bundesrepublik Deutschland, Erich Honecker, Staatsratsvorsitzender der DDR, und Gerald Ford, Präsident der USA, unterzeichnen 1975 die KSZE-Schlussakte.*

**b) Familienzusammenführung**

Die Teilnehmerstaaten werden in positivem und humanitärem Geist Gesuche von Personen behandeln, die mit Angehörigen ihrer Familie zusammengeführt werden möchten, unter besonderer Beachtung von Gesuchen dringenden Charakters – wie solchen, die von kranken oder alten Personen eingereicht werden. [...]

**2. Information**

Die Teilnehmerstaaten [...]

Drücken ihre Absicht aus, insbesondere:

a) Verbesserung der Verbreitung von, des Zugangs zu und des Austausches von Information [...]

ii) Gedruckte Information

– Auf ihrem Territorium die Verbesserung der Verbreitung von periodisch und nicht periodisch erscheinenden Zeitungen und gedruckten Veröffentlichungen aus den anderen Teilnehmerstaaten zu erleichtern. [...]

– Zur Verbesserung des Zugangs der Öffentlichkeit zu gedruckten, periodisch und nicht periodisch erscheinenden Veröffentlichungen beizutragen, [...]

zit. nach: Presse- und Informationsamt der Bundesregierung (Hrsg.), Sicherheit und Zusammenarbeit in Europa – KSZE-Dokumentation, Reihe: Berichte und Dokumentationen, Bd. 13, Koblenz (Druckhaus Koblenz) 1979, S. 38 f., S. 97 ff. und S. 105 f.

MATERIAL 2

## Beispiel zur Anwendung der KSZE-Vereinbarungen in der DDR

*Der Anfang September 1976 inhaftierte Arzt Karl-Heinz Nitschke aus Riesa veröffentlichte am 10. Juli 1976 folgenden Aufruf:*

**Petition zur vollen Erlangung der Menschenrechte**

Diese Petition ist in freier Selbstbestimmung ausgefertigt und unterzeichnet von mündigen Bürgern, die an DDR-Behörden

a) Anträge auf Übersiedlung in die Bundesrepublik Deutschland

b) Anträge auf Entlassung aus der DDR-Staatsbürgerschaft stellten

und deren Anträge über Monate und Jahre von DDR-Staatsorganen überhaupt nicht – nicht definitiv – oder abschlägig beantwortet wurden.

Aus religiösen – politischen – familiären – humanitären oder einem dieser Gründe stellten die Unterzeichner dieser Petition ihre Anträge an DDR-Behörden, basierend auf folgenden DDR-unterschriftlich anerkannten internationalen Dokumenten:

I) Allgemeine Erklärung der Menschenrechte

Artikel 13 (2) 14 (1) 15 (2)

II) Internationaler Pakt über bürgerliche und politische Rechte

Artikel 2 12 (2)

III) Schlussakte der KSZE von Helsinki

Zusammenarbeit in humanitären und anderen Bereichen
sowie
1) Verfassung der DDR
Artikel 8
2) Staatsbürgerschaftsgesetz der DDR
§ 9 § 10 § 11
3) Grundlagenvertrag zwischen den beiden deutschen Staaten
Artikel 2
Das im Widerspruch zu den aufgeführten DDR-unterschriftlich anerkannten internationalen Dokumenten stehende Verhalten der DDR-Behörden zwingt die in freier Selbstbestimmung unterzeichnenden mündigen Bürger zu dieser Petition, die sie
an die United Nations – Division Of Human Rights
an die hohen Vertreter der KSZE-Teilnehmerstaaten
an die nationalen Körperschaften für Menschenrechte
an die Weltöffentlichkeit mit dem Ersuchen richten
die unterzeichnenden Bürger und Familien bei der vollen Erlangung ihrer Menschenrechte einschließlich des aus den zitierten internationalen Dokumenten erwachsenen Rechtes auf freie Wahl des Wohn- und Arbeitsortes wirksam zu unterstützen.

Zit. nach: Falco Werkentin, Recht und Justiz im SED-Staat, Bundeszentrale für politische Bildung, Bonn 1998, S. 75.

MATERIAL

## 3 Die Ausbürgerung Wolf Biermanns 1976

*Der Dichter und Liedermacher Wolf Biermann, geboren 1936 in Hamburg, siedelte 1953 in die DDR über. Seit 1965 durfte er nicht mehr auf der Bühne auftreten oder Texte/Lieder in der DDR veröffentlichen. Auf Einladung des Sozialistischen Hochschulbundes durfte er im November 1976 zu einer Tournee in die Bundesrepublik ausreisen, und zwar unter der ausdrücklichen Zusicherung, zurückkehren zu dürfen. Am 13. November trat er erstmals in Köln auf, am 17. November wurde ihm die Staatsbürgerschaft der DDR aberkannt. Dazu schrieb das „Neue Deutschland" am 17. November 1976:*

Wolf Biermann [ist] die Staatsbürgerschaft der Deutschen Demokratischen Republik aberkannt worden. Er befindet sich gegenwärtig in der BRD, und die Tore zur DDR werden für ihn in Zukunft verschlossen sein.
Weshalb wurde diese Maßnahme notwendig? Am 13. November trat er in einer Massenveranstaltung in der Kölner Sporthalle auf, die vom Fernsehen und Rundfunk der BRD verbreitet wurde. Er hat den Abend ganz allein bestritten und ein Programm gestaltet, das sich ganz bewusst und gezielt gegen die DDR und gegen den Sozialismus richtete. Was er dort, noch als DDR-Bürger und in einem kapitalistischen Land, an Hass, an Verleumdungen und Beleidigungen gegen unseren sozialistischen Staat und seine Bürger losgelassen hat, macht das Maß voll. Schon jahrelang hat er unter dem Beifall unserer Feinde sein Gift gegen die DDR verspritzt. [...]
Was er dort sang, rezitierte und zusammenredete, das waren massive Angriffe gegen unseren sozialistischen Staat, gegen unsere sozialistische Gesellschaftsordnung. Es enthielt die Aufforderung, diese Ordnung in der DDR zu beseitigen. Er beleidigte aufs gröbste die Bürger der DDR, von den Arbeitern in den Betrieben bis zur Führung der Partei und des Staates. [...]
Biermann, der links zu fahren vorgibt, steht in Wahrheit rechts. [...]
Er befindet sich in der Front derer, die ihre Hetzkampagne, ihre psychologische Kriegführung gegen die DDR wieder auf eine Höhe getrieben haben, die hinter der Zeit des kalten Krieges kaum noch zurücksteht. In dieser Front ist er einer unter vielen, ganz konform und kaum zu unterscheiden. Er verschwindet in der dunklen Masse der antikommunistischen Krakeeler.
Zur Staatsbürgerschaft gehört eine Treuepflicht gegenüber dem Staat. Das ist nicht nur in der DDR so. Biermann hat diese Treuepflicht bewusst und ständig grob verletzt. Die Konsequenzen daraus wurden entsprechend dem Staatsbürgerschaftsgesetz der DDR gezogen. [...]

Neues Deutschland vom 17. November 1976, S. 2.

*Wolf Biermann während des Konzerts in Köln am 13. November 1976.*

MATERIAL

## Kluft zwischen oben und unten 4

*Viele Intellektuelle in der DDR sprachen sich aus verschiedenen Gründen gegen diese staatliche Maßnahme aus. In der Folgezeit verließen etliche von ihnen die DDR, was deren Ansehen in der Weltöffentlichkeit weiter beschädigte. Der DDR-Philosoph Wolfgang Heise fasst seine Gründe gegen die Ausbürgerung Biermanns in einem Brief an Kurt Hager, Mitglied des Politbüros und Sekretär des ZK der SED, zusammen:*

**Brief an Kurt Hager, 18. November 1976**

Zur Biermannaffäre und ihren voraussagbaren Folgen Stellung zu nehmen, wähle ich diesen Weg – nicht ohne ein Gefühl der Vergeblichkeit. Es geht dabei nicht nur um Biermann.

Ich halte die Maßnahme seiner Ausbürgerung in Inhalt und Form für schädlich. Sie hat nach innen Vertrauen zerstört, eine Kluft aufgerissen, die zu überwinden wir uns doch bemühten, und dieser eine Tiefe und Breite gegeben, die sie in ihrer gewiss vorhandenen Latenz nicht hatte. [...]

Nach außen hin [...] wurde politisch-moralische Glaubwürdigkeit abgebaut, dafür entstand der Eindruck, ein Konformismus polizeistaatlicher Prägung sei in unserer Republik Zwangsnorm.

Biermann selbst, den ich nicht überschätze, [...] ist ein Produkt unserer Republik und Behandlungen. Aber ein Feind, der auszubürgern? Sind wir so schwach? So argumentslos? [...]

Hat nun Biermanns Auftreten oder das Verbot seiner Rückkehr die DDR mehr Sympathien gekostet? Das Auftreten, meine ich, keine. Die öffentlichen Proteste, eine neue Erscheinung bei uns, resultieren sie nicht aus dem Mangel an öffentlichem Leben, Diskussion, Auseinandersetzung, die in unseren Ritualen zwischen Feier und Belehrung nicht vorhanden sind? Unser Ideal ist doch kein brav singender heiterer Chor – oder die Gemütsbedürfnisse derjenigen, die in pur exekutiver Existenz zufrieden sind.

Die jetzt für Biermann eintreten, treten nicht für sein Programm in dessen Verworrenheit ein. Ihre Sorge gilt der möglichen Dominanz polizeilich-militärischen Denkens. Sie ist nicht unbegründet. Ich halte ihre Stellungnahme für den Ausdruck einer Solidarität, die eine positive und

produktive moralisch-politische Erscheinung ist: Ausdruck eines gereiften Bewusstseins der Mitverantwortung für politische Entscheidungen der Partei- und Staatsführung. Das gilt auch dann, wenn die Westpresse Kapital daraus zu schlagen sucht, manch falscher Freund sich anschließt oder Beifall klatscht. [...]
Ich sehe ein Zunehmen der Kluft zwischen oben und unten, zunehmenden Widerspruch zwischen Ideologie und Wirklichkeit, öffentlichem Rollenspiel und privatem Verhalten, zwischen dem, was alle wissen, und dem, was sie sagen, [...] Ich sehe Konflikte zunehmen, die aus dem Bewusstsein und der Erfahrung eines bloßen Objektseins – „derer da oben", der Institutionen, Verhältnisse etc. erwachsen [...] Wie sprechend sind nicht in dieser Hinsicht die verschiedenen Nostalgien, privaten Glückssurrogate etc., die melancholische Gestimmtheit der jungen Poetengeneration! Die Sinngebungen, die wir gesellschaftlich und offiziell proklamieren, erscheinen als bloßes Wort älterer Leute, die es geschafft haben. [...]

zit. nach: Humboldt Universität zu Berlin, Archiv Wolfgang Heise, Sign. II–1.1./3. nach: Matthias Judt (Hrsg.), DDR-Geschichte in Dokumenten – Beschlüsse, Berichte, interne Materialien und Alltagszeugnisse, Berlin (Ch. Links) 1997, S. 330 f.

MATERIAL

## 5 Forderungen des „Bundes Deutscher Kommunisten"

*Verschiedene westdeutsche, aber auch ostdeutsche Publikationsorgane erhielten im September 1977 hektografierte Briefe aus der DDR von einem neu gegründeten „Bund Deutscher Kommunisten", ehemaliger SED-Mitglieder.*

1. Der Bund Deutscher Kommunisten vertritt die Grundthesen von Marx, Engels, Lenin und Rosa Luxemburg und steht anderen und neueren Denkern und Philosophen wie Mao Tsetung, Ernst Bloch, Robert Havemann, Rudolf Bahro und andern positiv gegenüber.
2. Der Bund Deutscher Kommunisten fordert die DDR-Regierung auf, gemäß Artikel 27, Absatz 2, der Verfassung der Deutschen Demokratischen Republik, die Freiheit der Presse, des Rundfunks und des Fernsehens in der DDR herzustellen und zu gewährleisten.
3. Der Bund Deutscher Kommunisten fordert die DDR-Regierung, gemäß der Schlussakte von Helsinki, zur Einhaltung der Menschenrechte in der DDR auf, insbesondere der Zusammenarbeit in humanitären und anderen Bereichen, der Verbesserung menschlicher Kontakte, Reiseerleichterungen aus persönlichen und Gründen des Tourismus auf individueller oder kollektiver Grundlage, der Verbesserung auf dem Gebiet der Information für jedermann, der Verbesserung der Zusammenarbeit mit anderen Staaten im Bereich der Kultur und Bildung u. a.
4. Der Bund Deutscher Kommunisten in der DDR fordert die sofortige Freilassung der etwa 1000 inhaftierten politischen Gefangenen aus Zuchthäusern, Gefängnissen und Arbeitslagern der DDR und sieht Freiheitsentzug aus politischen Gründen als einen eklatanten Verstoß gegen die UN-Menschenrechtscharta an.
5. Der Bund Deutscher Kommunisten fordert die SED-Führung auf, sofort die Repressalien gegen ihre prominentesten ehemaligen Parteimitglieder Robert Havemann und Rudolf Bahro einzustellen, [...]
7. Der Bund Deutscher Kommunisten in der DDR fordert die DDR-Regierung auf, den aus der DDR ausgebürgerten, vertriebenen oder ausgewiesenen Liedersängern, Schriftstellern und Künstlern wie Wolf Biermann, Reiner Kunze, Thomas Brasch, Sarah Kirsch, Tilo Medek, Manfred Krug, Bernd Jentzsch und anderen wieder in der DDR Heimatrecht zu gewähren, deren Ausbürgerung, Vertreibung oder Ausweisung rückgängig zu machen sowie die Berufsverbote gegen sie in der DDR aufzuheben. [...]
10. Der Bund Deutscher Kommunisten fordert die DDR-Regierung auf, die Repressionen gegen Menschenrechtler, Ausreisewillige, Schriftsteller, Künstler und andere der SED missliebige Personen in der DDR sofort zu beenden und mit diesen öffentlich einen Dialog zu beginnen. [...]

zit. nach: Günter Johannes, Ulrich Schwarz (verantwortliche Redakteure des SPIEGEL), DDR – Das Manifest der Opposition, Eine Dokumentation – Fakten, Analysen, Berichte; München (Wilhelm Goldmann Verlag), 2. Auflage 1978, S. 40 ff.

*Schüler der 10. Klasse beim „Wehrunterricht" 1986.*

MATERIAL

## Pflichtfach Wehrunterricht 6

*Der Pfarrkonvent des Kirchenkreises Zossen nahm zur Einführung des Wehrunterrichts Stellung, 31. Mai 1978:*

**Wir sehen die Persönlichkeitsentwicklung der Kinder und Jugendlichen gefährdet**

Wie wir durch Bürger, Eltern, Gemeindemitglieder und Konfirmanden erfahren haben, ist zum 1.9.78 die Einführung eines obligatorischen Wehrunterrichtes für die Schüler und Schülerinnen der 9. Klassen der POS[1] und EOS[2] vorgesehen. Diese Maßnahme stößt bei vielen der Betroffenen, unabhängig davon, ob es sich um Christen und Nichtchristen handelt, auf Unverständnis und ruft ihre Besorgnis hervor. Sie kann im Gegenteil dazu führen, dass die erklärte Friedenspolitik der Deutschen Demokratischen Republik bei erheblichen Teilen der Bevölkerung ins Zwielicht gerät. Wir weisen darauf hin, dass der Vorsitzende des Staatsrates der DDR, E. Honecker, in seinem Interview unmittelbar nach der Unterzeichnung der Schlussakte von Helsinki, veröffentlicht in der „Märkischen Volksstimme" vom 7.8.1975, erklärt hat: „Die Deutsche Demokratische Republik sieht ihre besondere Verpflichtung darin, alles in ihren Kräften stehende zu tun, im Zentrum Europas Frieden und Sicherheit dauerhaft zu gewährleisten. Daran hat sich die Politik unserer Partei und unseres Staates immer gehalten." […]

Wir sind der Überzeugung, dass die Einführung des Faches Wehrunterricht für die Schülerinnen und Schüler der 9. Klassen, also Minderjährige im juristischen Sinne, die inhaltlich damit verbundene Entwicklung eines Feindbildes und der Aufbau von Vorurteilen den „vertrauensbildenden Maßnahmen" in der Schlussakte von Helsinki widersprechen. Wir sehen dadurch weiterhin die gesunde Persönlichkeitsentwicklung der Kinder und Jugendlichen und ihre Erziehung zum Frieden gefährdet. […]

[1] POS = allgemeinbildende Polytechnische Oberschule für alle Schülerinnen und Schüler bis zur 10. Klasse

[2] EOS = Erweiterte allgemeinbildende polytechnische Oberschule, sie führte nach Klasse 12 zur Hochschulreife (Der Wechsel von POS auf EOS erfolgte nach Klasse 8, ab 1984 nur noch nach der 10. Klasse.)

Quelle: Information Nr. 368/78 der ZAIG des MfS vom 21.6.1978; BStU, ZA, ZAIG 2819.

Bernd und Peter Eisenfeld, Widerständiges Verhalten in der DDR 1976–1982, in: Eberhard Kuhrt (Hrsg.), Opposition in der DDR von den 70er Jahren bis zum Zusammenbruch der SED-Herrschaft, Am Ende des realen Sozialismus, Band 3, im Auftrag des Bundesministeriums des Innern, Opladen (Leske + Buderich) 1999, S. 83–131, S. 123f.

MATERIAL

## 7 Das Tragen und Verbreiten von Friedenssymbolen

*In den 80er-Jahren war auch in der DDR eine Friedensbewegung tätig, die sich – im Gegensatz zu den offiziösen „Friedensdemonstrationen" – als Bürgerbewegung entwickelt hatte. Von dem SED-Regime wurde diese Friedensbewegung als Opposition bekämpft. 1982 forderte Erich Mielke „staatliche Maßnahmen gegen das öffentliche Tragen und Verbreiten von Friedenssymbolen". Das bekannteste war der Button „Schwerter zu Pflugscharen", den auch die westdeutsche Friedensbewegung benutzte. Er wurde in der DDR verboten. Nach dem Verbot trugen viele demonstrativ den Rand des herausgetrennten Symbols.*

*Anordnung Erich Mielkes, Minister für Staatssicherheit:*

Zur wirksamen Unterbindung dieser Aktivitäten sind folgende Maßnahmen durchzuführen:

1. Die zuständigen zentralen staatlichen Organe […] haben zu gewährleisten, dass in ihren Verantwortungsbereichen das Tragen und Verbreiten derartiger Symbole unterbunden wird und zu diesem Zweck die bestehenden Disziplinar-, Schul-, Internats- und anderen Ordnungen konsequent durchgesetzt werden.
2. Das Ministerium des Innern hat zu gewährleisten, dass die Deutsche Volkspolizei das Tragen derartiger Gegenstände in der Öffentlichkeit, ausgehend von der Rechtswidrigkeit der Herstellung gemäß §8 Abs. 3 der „Anordnung über das Genehmigungsverfahren für die Herstellung von Druck- und Vervielfältigungserzeugnissen" unterbindet, indem Träger derselben zur Entfernung und Herausgabe aufgefordert werden, in deren Ergebnis die entschädigungslose Einziehung erfolgt.
3. Im Weigerungsfalle erfolgt die Zuführung der entsprechenden Person gemäß §12 Abs. 2 des VP[Volkspolizei]-Gesetzes und die anschließende Durchsetzung der vorgenannten Maßnahmen. […]
4. Durch die Leiter der Bezirksverwaltungen des MfS ist zu gewährleisten, dass die vorgenannten Maßnahmen in geeigneter Form mit tschekistischen[1] Mitteln wirksam unterstützt und durch kluges differenziertes politisches Handeln Konfrontationen vermieden werden.

[1] „Tscheka" ist der Name der Geheimpolizei unter Lenin in Russland.

zit. nach: Bernd und Peter Eisenfeld, Widerständiges Verhalten in der DDR 1976–1982, in: Eberhard Kuhrt (Hrsg.), Opposition in der DDR von den 70er Jahren bis zum Zusammenbruch der SED-Herrschaft, Am Ende des realen Sozialismus, Band 3, im Auftrag des Bundesministeriums des Innern, Opladen (Leske + Buderich) 1999, S. 83–131, S. 126f.

MATERIAL

## Zersetzungsmaßnahmen gegen Regimekritiker 8

*Der Schriftsteller Jürgen Fuchs trat 1973 in die SED ein, aus der er zwei Jahre später wegen seiner „Angriffe gegen die Grundlagen der sozialistischen Gesellschaft in der DDR" ausgeschlossen wurde. Seine zuvor mit „sehr gut" bewertete Diplomarbeit im Bereich Sozialpsychologie wurde anschließend abgelehnt. Nach öffentlichem Protest gegen die Ausbürgerung Biermanns wurde Fuchs neun Monate in U-Haft genommen, bevor er 1977 in die Bundesrepublik ausgebürgert wurde.*

### Zersetzungsmaßnahmen (in West-Berlin) gegen Jürgen Fuchs, MfS-Aktennotiz von 1982

Im Zeitraum von Ende August bis Ende September 1982 wurden in konzentrierter Form spezielle Maßnahmen mit dem Ziel realisiert, F. zu verunsichern und in seinem Handlungsspielraum zu beeinträchtigen. Das betraf u. a.:

F. wurde kontinuierlich, vor allem in den Nachtstunden, in seiner Wohnung angerufen, ohne dass sich der Anrufer meldete. Gleichzeitig wurde jeweils der Fernsprechanschluss zeitweilig blockiert.

Im Namen von F. wurde eine Vielzahl von Bestellungen von Zeitungen, Zeitschriften, Prospekten, Offerten u. dgl. aufgegeben, darunter auch Bestellungen, die zur Kompromittierung des F. geeignet sind.

Mehrfach wurden Taxis und Notdienste (Schlüsselnotdienste, Abflussnotdienst, Abschleppdienst) vorwiegend nachts zur Wohnung des F. bestellt.

Mit einer Vielzahl von Dienstleistungsunternehmen und anderen Einrichtungen wurden zu unterschiedlichen Tageszeiten einschließlich der Wochenenden, Besuche bei [...] vereinbart (Beratung von Wohnungs- und Kücheneinrichtung sowie zur Badausstattung; Polstermöbelaufarbeitung, Polstermöbelreinigung, Wohnungsreinigung, Fensterputzer, Abholung von Schmutzwäsche, von Teppichen und Gardinen; Verkauf von Antiquitäten, Antiquariatsartikeln, Musikinstrumenten, Wohnungsauflösung, Abholung von Autowracks; Reparatur von Fernsehgeräten und Waschmaschinen; Möbeltransport, Ungezieferbekämpfung, Bereitstellung von Mietautos mit Fahrer, Massage, Beratung über Versicherungsabschlüsse, Buchung von Reisen, Bestellung von Menüs).

Die dazu durchgeführten Überprüfungen ergaben, dass sich F. angesichts der von den beauftragten Unternehmen veranlassten Aktivitäten, der wiederholten Störungen und des massiven [...] Eintreffens von Materialien unterschiedlichster Art belästigt fühlt und darüber verärgert ist. Bisher wurden seinerseits keine Bemerkungen bekannt, wonach er die eigentlichen Urheber für diese Belästigungen in Maßnahmen des MfS sieht.

zit. nach: Jens Gieseke, Die DDR-Staatssicherheit – Schild und Schwert der Partei, Bundeszentrale für politische Bildung, Bonn 2000, S. 64.

MATERIAL

## Initiative Frieden und Menschenrechte 9

*Die Gruppe „Initiative Frieden und Menschenrechte", zu der u.a. Bärbel Bohley, Ulrike und Gerd Poppe, Katja Havemann, Reinhard Weißhuhn, Lotte und Wolfgang Templin gehörten, formulierte eine Eingabe an den XI. Parteitag der SED, 2. April 1986:*

### Wir erwarten, dass ein konstruktiver Dialog beginnt

[...] Aufgrund ihres hierarchischen Aufbaus hat die Partei die Möglichkeit, von der zentralen Ebene angefangen, wo staatliche Leitung und Politbüro kaum unterscheidbar sind, bis nach unten in die kleinsten Bereiche (Gruppen- und Wohnbezirksparteiorganisationen), ihre derzeitig herrschende Parteilinie mittels der Disziplin ihrer Mitglieder durchzusetzen. Parteidisziplin bedeutet, den Beschluss der Partei unter allen Umständen – auch wider bessere Überzeugung – zu befolgen und wahrzunehmen, d. h. einen Befehl zu befolgen. Es gibt für einen Genossen nichts Schlimmeres, als gegen diese Befehlsstruktur zu verstoßen. [...]

Zwar fordert das Parteistatut im Rahmen der innerparteilichen Demokratie die freie und sachliche Diskussion zu Fragen der Parteipolitik, sprich Staatspolitik. Doch finden solche Diskussionen

*Wolfgang Templin, Regina Templin, Werner Fische, Bärbel Bohley 1988 nach ihrer Ausweisung in Bielefeld. Sie hatten mit kritischen Transparenten an der Luxemburg-Liebknecht-Kundgebung teilgenommmen.*

kaum statt. Sie werden bereits im Kern erstickt und als opportunistisch-revisionistisch oder als dogmatisch und sektiererisch charakterisiert. Es gibt also keine Parteiöffentlichkeit, keine offene Auseinandersetzung und keine Publikationen zu solchen Fragen. [...]

Da die Entscheidungsprozesse in der Partei- und Staatsführung der Öffentlichkeit verborgen bleiben und stets nur Resultate bereits getroffener Entscheidungen bekannt gegeben werden, ist deren wirkliche theoretische Fundierung schwer durchschaubar. Allenfalls kann von einem Einfluss privilegierter Wissenschaftler auf die Politik der Partei die Rede sein. [...]

Der Anspruch eines Erziehungs- und Bildungssystems sollte die Erziehung zu allseitig entwickelten, demokratiefähigen und mündigen Bürgern sein. Die Jugend- und Bildungspolitik in der DDR erhebt für sich diesen Anspruch, kann ihm aber in der Praxis nicht gerecht werden, weil sie auf einer persönlichkeitsbrechenden Erziehung und gesellschaftlichem Wohlverhalten aufbaut. Anstelle des sozialistischen Bildungsprivilegs wurde in der DDR ein politisches Bildungsprivileg gesetzt, das heißt, dass die berufliche Perspektive bzw. der weitere Bildungsweg sehr stark vom politischen Wohlverhalten abhängig ist. Bereits in der Schule wird dies in Beurteilungen unter dem Synonym „gesellschaftliche Arbeit" bewertet. Dadurch wird ein über den schulischen Leistungsdruck hinausgehender Anpassungsdruck erzeugt. [...]

Durch die Jugend- und Bildungspolitik der DDR werden die Jugendlichen entmündigt und bevormundet. Die Summe dieser Erfahrungen führen bei vielen Jugendlichen zu einer resignierenden Haltung. Das zeigt sich an der Zahl derer, die einen Ausreiseantrag stellen bzw. einen Fluchtversuch unternehmen, in verstärktem Alkoholmissbrauch, Selbstmordversuchen und steigender Jugendkriminalität. [...]

Für die bisher angedeuteten Probleme gibt es keine fertigen Lösungen. Sie sind nicht unlösbar, aber nur in einer offenen Diskussion, in der viele Partner gleichberechtigt sind und an den gesellschaftlichen Prozessen kreativ teilhaben, können wir sie bewältigen. Ein Ausdruck für das in den letzten Jahren gewachsene Engagement ist die von den staatlichen Organisationen unabhängige Friedensbewegung. Von Parteitag zu Parteitag wächst mit dem Engagement aber auch der Druck von staatlicher Seite gegen die Engagierten. Ihnen wird immer wieder unterstellt, dass sie auf ungelöste Probleme hinweisen, um die DDR zu schwächen und zu diskreditieren. Dies führt dazu, dass das offene Gespräch von den Vertretern staatlicher Institutionen und Einrichtungen vermieden wird, gegen die Engagierten aber Repressalien ausgeübt werden. [...] Wenn die SED den Anspruch „Alles zum Wohle des Volkes" gerecht werden will, dürfen diejenigen, die die Probleme benennen, nicht kriminalisiert werden. Wir erwarten deshalb, dass in diesem Land ein konstruktiver Dialog beginnt.

Wolfgang Templin, Reinhard Weißhuhn, Die Initiative Frieden und Menschenrechte, in: Eberhard Kuhrt (Hrsg.), Opposition in der DDR von den 70er-Jahren bis zum Zusammenbruch der SED-Herrschaft, Am Ende des realen Sozialismus, Band 3, im Auftrag des Bundesministeriums des Innern, Opladen (Leske + Buderich) 1999, S. 171–211, S. 188 ff.

MATERIAL 10

## Kritik an den Massenmedien in der DDR

*Nach der Machtübernahme durch Gorbatschow werden in der Sowjetunion ab 1985 die Weichen in Richtung Modernisierung, Offenheit und Transparenz politischen Handelns gestellt. Die „Initiative Frieden und Menschenrechte" nimmt vor diesem Hintergrund Stellung zur Rolle der Massenmedien in der DDR, August 1987.*

### Entwicklung eines schöpferischen Meinungsstreites in der Gesellschaft

Eine unabhängige Presse ist eine wesentliche Grundlage für die Entwicklung der Demokratie eines Landes. [...]

Nach unseren Erfahrungen kranken die Medien in der DDR von jeher an:

- ausführliche Protokollberichte der Staatszeremonien und der politischen Rituale ohne jeden Informationsgehalt
- nebulöse Kommentierung statt Sachinformation
- Manipulierung und Ignoranz gegenüber relevanten und brisanten Konflikten
- Existenz von Tabuthemen, die in anderen Ländern längst keine mehr darstellen
- weiße Flecken in der Berichterstattung
- Diffamierung statt sachliche Publikationen
- „Reservierung" von ständigen Rubriken in allen Bereichen (Ideologie, Kultur und Wirtschaft) für politische Stammkader
- sprachliche Unkultur (Die Lektüre des LTI[1] von V. Klemperer müsste Pflichtliteratur jedes Journalisten sein.)

Diese Feststellungen gelten mit Einschränkungen nach dem Grad ihrer vermeintlichen politisch-ideologischen Brisanz für alle journalistischen Genres der Medien in der DDR und sind für uns um so bedrückender, weil es bekannt ist, dass in anderen sozialistischen Ländern die Journalisten zunehmend zu ihrer Berufsverantwortung finden. Sie können diese ihre Verantwortung im Rahmen der gesellschaftlichen Veränderungen in ihrem Lande wahrnehmen, zugleich treiben sie mit ihrer Arbeit aber auch diese Entwicklung voran.

Ein Beispiel dafür war der Kongress des Verbandes der Journalisten in der UdSSR, der zu einschneidenden Änderungen nicht nur im Verbandsleben führte. „Glasnost" und „Perestroika" hielten auch hier ihren Einzug: Öffentlichkeit, kritische Berichterstattung und ein fairer Umgang gehören z. B. dazu. Diese Entwicklung lässt sich unter anderen Bedingungen auch in Polen verfolgen.

Dort ist es die Existenz einer breiten, unabhängigen Presse eines unzensierten Verlagswesens und einer aktiven Öffentlichkeit, die als Korrektiv und Ermutigung für die offiziellen Medien fungiert. Ähnliche Bemühungen werden seit langem auch in Ungarn und seit neuestem selbst in der ČSSR deutlich.

Auch im Jubeljahr der DDR, der 750-Jahr-Feier Berlins, geht diese Entwicklung an den hiesigen Medien vorbei. Die verlogene Berichterstattung über die Pfingstereignisse[2] am Brandenburger Tor, die zudem noch zwei Tage später erfolgte, ist nur eines von vielen Beispielen dafür (ND vom 11. 6. 1987).

Wer eigentlich zwingt die DDR-Journalisten zu Halbwahrheiten und Entstellungen: Es gibt (offiziell) keine Zensur!

Das tatsächlich existierende Netz von Unterstellungsverhältnissen, Abhängigkeiten, Bevormundungen, ideologischen Vorgaben, das die unabhängige journalistische Arbeit verhindert, wird sich nicht von heute auf morgen lösen lassen.

Es wird aber auch nicht durch bloße Hoffnung auf Reformveränderungen von oben verschwinden. Dazu bedarf es u. a. der Ehrlichkeit und der Zivilcourage eines jeden Journalisten, der journalistischen Sauberkeit, der wahrheitsgetreuen Publizistik sowie der Entwicklung eines schöpferischen Meinungsstreites in der Gesellschaft.

[1] LTI = Lingua Tertii Imperii – Die Sprache des Dritten Reiches
[2] Am 8. Juni kam es in Ostberlin zu Auseinandersetzungen zwischen Polizei und Jugendlichen, die anlässlich eines Rock-Konzertes in Westberlin in der Nähe der Mauer im Zusammenhang mit der 750-Jahr-Feier u. a. skandierten: „Die Mauer muss weg".

Wolfgang Templin, Reinhard Weißhuhn, Die Initiative Frieden und Menschenrechte, in: Eberhard Kuhrt (Hrsg.), Opposition in der DDR von den 70er-Jahren bis zum Zusammenbruch der SED-Herrschaft, Am Ende des realen Sozialismus, Band 3, im Auftrag des Bundesministeriums des Innern, Opladen (Leske + Buderich) 1999, S. 171–211, S. 196f.

MATERIAL

## 11 Angst vor Glasnost

*Im Rahmen von Glasnost wurden in der Sowjetunion u. a. Dokumente zum Hitler-Stalin-Pakt von 1939 veröffentlicht, die – vor allem in der DDR – ein neues Licht auf die Rolle Stalins warfen. Erstmals wurden daraufhin in der DDR Medien aus der Sowjetunion einer Zensur unterzogen und durften nicht erscheinen. In einem Gespräch mit dem stellvertretenden KGB-Chef Leonid Schebarschin griff Erich Mielke, Minister für Staatssicherheit, im April 1989 dieses Thema auf.*

Jetzt komme ich zum dicksten „Brocken" – zu dem Artikel in der „Moskowskaja Prawda" vom 30.3.1989 über Stalin: „Stalin war Agent der Ochrana"[1].
Jetzt frage ich: Hat die Staatssicherheit nicht die Kontrolle über die Archive übernommen, als die Macht ergriffen wurde?
Gibt es noch solche Archive, die nicht unter der Kontrolle der Staatssicherheit sind? Sind die Dokumente noch da?
Wenn Stalin die Leute liquidiert hat, die davon Kenntnis hatten, warum hat er dann nicht die Archive liquidiert?
Ich sage nicht, dass dies nicht möglich ist. Ich stelle nur Fragen. Die einen schreiben: Es kann sein. Es muss überprüft werden. Warum wird dann nicht überprüft? Warum wird dann so etwas veröffentlicht?
Weitere Frage. Hat denn Stalin als Ochrana-Agent den Faschismus geschlagen? Es erhebt sich die Frage, was er alles als Agent der Ochrana gemacht hat? Hat ein Agent der Ochrana den Sozialismus aufgebaut? Hat die gesamte kom-

*Russland 1902: Nach einem Streik werden Gefangene nach Sibirien verbannt, unter ihnen J. Stalin (weißes Kreuz). Die These, er sei selbst Agent der Ochrana gewesen, konnte bisher nicht bestätigt werden (Stand 2008).*

munistische Weltbewegung, die Komintern eine solche Entwicklung genommen?
Noch eine Frage: Wen wollt Ihr noch gewinnen als Agentur[2] für Euch?
Ich muss doch Angst haben, dass Ihr unsere Agenturen preisgebt, wenn es die Möglichkeit gibt, in die Archive einzusehen. Die Fragen werden schon gestellt. Ihr schadet Euch selbst und uns bringt Ihr in die Zwangslage, ob wir Euch noch sagen können, woher wir die Informationen haben. [...]
Durch solche Veröffentlichungen diskreditiert man völlig den Sozialismus. Der ganze Glauben junger Menschen an den Sozialismus geht doch verloren, wenn wir von einem Agenten geführt wurden. Das verstehe ich nicht. Wenn das so ist, dass Ihr die Archive nicht in Euren Händen habt, dann habt Ihr einen großen Fehler gemacht. [...]
Man muss aufhören mit den zurzeit grassierenden Veröffentlichungen in der Sowjetunion, die den gesamten Weltsozialismus diskreditieren.
Wir waren als junge Menschen bereit, für diese „hehre" Sache in den Tod zu gehen.
Das hat nichts damit zu tun, dass Stalin vielleicht Agent war oder Verbrechen begangen hat. Es geht doch um die Idee. Die Kirche glaubt heute noch an Gott, obwohl ihn noch keiner gesehen hat. Dann hätten wir doch Sozialdemokraten bleiben können.

[1] Ochrana = zaristische Geheimpolizei
[2] Agentur = hier im Sinne von: Nachrichtenquelle

Walter Süß: Erich Mielke (MfS) und Leonid Schebarschin (KGB) über den drohenden Untergang des Sozialistischen Lagers. Protokoll eines Streitgesprächs vom 7. April 1989. In: Deutschland Archiv 26(1993)9, S. 1015–1034, hier 1030 f. Nach: Jens Gieseke, Die DDR-Staatssicherheit – Schild und Schwert der Partei, Bundeszentrale für politische Bildung, Bonn 2000, S. 91.

1. Erläutern Sie, wieso mit der KSZE-Schlussakte der Auflösungsprozess des Ostblocks beschleunigt wurde, und geben Sie eine Begründung für die Zustimmung des Ostblocks zu dem Konferenzergebnis. (M 1)
2. Grenzen Sie die Rechtsvorstellungen der betroffenen Parteien gegeneinander ab. Formulieren Sie eine Anklageschrift gegen den Antragsteller. (M 2)
3. Führen Sie unter der Fragestellung „Identifikation durch Abgrenzung" eine Podiumsdiskussion zur Biermann-Ausbürgerung durch. Bedenken Sie dabei auch die Menschenrechtsargumente. (M 3, M 4)
4. Erklären Sie, welche Vorstellungen von Sozialismus und Kommunismus der BDK entwickelt. (M 5)
5. Informieren Sie sich über die Inhalte des Wehrunterrichts, und beurteilen Sie, ob die von den Kirchenvertretern geäußerten Befürchtungen zutreffen. (M 6)
6. Begründen Sie, wieso das Tragen von Friedenssymbolen verfolgt wurde. Beziehen Sie in Ihre Überlegungen den historischen Kontext ein. (M 7)
7. Erklären Sie anhand der Vorgehensweise der Staatssicherheit gegen Jürgen Fuchs die für die Stasi synonym gebrauchte Formulierung „Schild und Schwert der Partei". Beachten Sie den Zeitraum der „Maßnahmen". (M 8)
8. Stellen Sie die systemimmanenten Gründe dar, die gegen einen „konstruktiven Dialog" zu den hier aufgeführten Aspekten sprechen. (M 9)
9. Erklären Sie den hier entwickelten Zusammenhang zwischen Presse/Medien und Demokratie. Bedenken Sie dabei, dass die Medien, ohne eine demokratische Legitimation aufzuweisen, häufig als „vierte Gewalt" im Staat bezeichnet werden. (M 10)
10. Erläutern Sie Mielkes Einstellung zur Aufgabe der Staatssicherheit, eines Archivs (als Gedächtnis einer Nation) und zur Bedeutung des Sozialismus für ihn. (M 11)

# 3.0 Die DDR 1989 – Zusammenbruch, Wende oder eine deutsche Revolution?

*Interpretationen*

Wie alle historischen Ereignisse stellt auch der Herbst 1989 in der DDR lediglich ein Zwischenergebnis dar. Die das konkrete Ereignis auslösenden Momente resultieren aus bereits vorhandenen Strukturen und aus aktuellen, konkreten Handlungsweisen von Menschen, die ihrerseits wiederum nicht voraussetzungslos sind. Ob man nun dem Ereignis selbst stärkeres Gewicht beimisst oder den längerfristig wirksamen Strukturen, entscheidet darüber, wie das Ereignis eingeordnet wird: z. B. als Revolution oder als Zusammenbruch. Bei der Interpretation bleibt zu bedenken, ob es sich um ein singuläres Ereignis („Revolution in der DDR") oder um einen Teil eines umfassenderen Prozesses (Auflösung des Ostblocks) handelt. Welche historisch-politischen Implikationen stecken in der allgemein gebräuchlichen, differenzierenden Bezeichnung: „Zusammenbruch der Sowjetunion", aber „friedliche Revolution in der DDR"? Hält der aus einer Euphorie heraus gewählte Begriff einer historisch-kritischen Analyse stand?

## *3.1 1989 – Sind wir das Volk/ein Volk?*

*Herbst 1989*

Der deutsche Herbst 1989 brachte für alle Deutschen Unvorhersehbares. Eine Ungeschicklichkeit bei einer Pressekonferenz ließ binnen Stunden die Mauer, die innerdeutsche Grenze und letztlich die DDR fallen. Warum kollabierte die DDR binnen weniger Tage?

Vor allem war die überalterte Politikerkaste in der DDR zu einer realistischen Einschätzung der Lage nicht mehr fähig, wie auch Michail Gorbatschow bei seinem Besuch 1989 feststellen musste. Die Bundesrepublik hingegen diente mit ihren Errungenschaften wie der Durchsetzung von Menschen- und Bürgerrechten (Meinungs- und Pressefreiheit, Reisefreiheit, Wahrung des Postgeheimnisses, Unverletzlichkeit der Wohnung usw.), als Beispiel einer pluralistischen Demokratie – und teilweise als Konsumparadies – eher als Folie für eigene Wünsche und Erwartungen, als dass sie einen aktiven Anteil an den Ereignissen genommen hätte.

*1953, 1956, 1968*

Zur Vorgeschichte der Ereignisse im Herbst 1989 gehören die Erfahrungen der Politiker und der Bevölkerung in der DDR: 17. Juni 1953 (vgl. Kap. 1.2), Ungarn 1956, Tschechoslowakei 1968 (vgl. Kap. 1.4). Schon 1970 kam es auch in Polen aufgrund von Preiserhöhungen für Konsumgüter zu Streiks, deretwegen Staatschef Gomułka zurücktreten musste. Bedeutsamer wurde 1976 die Rolle der katholischen Kirche, die unter Kardinal Wyszyński eine Opposition zum Staat darstellte. Die Wahl des polnischen Kardinals Karol Wojtyła zum Papst Johannes Paul II. im Oktober 1978 verstärk-

*Montags-demonstration Leipzig 1989.*

te diese Entwicklung. Der katholische Glaube bot den Menschen eine starke Identifikationsmöglichkeit. In der Gründung der unabhängigen Gewerkschaftsbewegung Solidarność kulminierte 1980 in Polen der Widerstand der Bevölkerung gegen das kommunistische Regime.

*Entwicklung in der Sowjetunion*

Auch in der Sowjetunion zeichnete sich ein politischer Umbruch ab. Breschnew starb 1982. Die Agonie des Sowjetsystems zeigte sich in der Wahl der greisen Nachfolger. Erst mit Gorbatschow kam eine neue Politikergeneration an die Macht. Er versuchte, die vor allem infolge der massiven Rüstungsanstrengungen herabgewirtschaftete Sowjetunion durch eine Umstrukturierung (Perestroika) zu modernisieren und politische Entscheidungen transparent zu machen (Glasnost). So gestand Gorbatschow die Existenz des geheimen Zusatzprotokolls zum Hitler-Stalin-Pakt von 1939 über die Aufteilung Polens sowie die Massaker sowjetischer Truppen an polnischen Offizieren in Katyn 1940 ein. 1988 erklärte Gorbatschow die Breschnew-Doktrin (vgl. Kap. 1.4) für obsolet, was die Demokratisierung in Polen, der Tschechoslowakei und Ungarn beschleunigte.

*Die Situation in der DDR*

Nur die Politik in der DDR reagierte nicht auf die Veränderungen. Jeder Schritt zu mehr Demokratie hätte zuletzt das Ende der DDR und eine Wiedervereinigungsdebatte zur Folge gehabt. Denn mit der alten Bundesrepublik existierte ja bereits ein demokratischer deutscher Staat. Auch in der DDR entstand in den 80er-Jahren eine Bürgerbewegung, die eine behutsame Modernisierung des Staates verfolgte (vgl. Kap. 2.3). Die evangelische Kirche hatte dabei insbesondere für Jugendliche eine Kristallisationsfunktion. Die Selbstverbrennung des Pfarrers Oskar Brüsewitz veränderte das Bild von der Kirche in der DDR und machte sie gerade für Jugendliche glaubwürdiger. Die Entwicklungen in den anderen osteuropäischen Staaten ermutigte Bürger in der DDR, ihre Meinung öffentlich zu vertreten. Der Gedenktag für Rosa Luxemburg und Karl Liebknecht 1988 in Berlin wurde von Oppositionellen – u. a. mithilfe des berühmten Luxemburg-Zitates: „Freiheit ist immer Freiheit der Andersdenkenden" – dazu genutzt, auf die Reformnotwendigkeit der DDR hinzuweisen.

*Massenflucht aus der DDR*

1989 beschleunigte und radikalisierte sich der Protest gegen die Zustände in der DDR. Ausgangspunkt war erneut der Jahrestag der Ermordung Liebknechts und Luxemburgs im Januar. Die Kommunalwahlen im Mai wurden erstmals durch massive Boykottaufrufe begleitet. Dem offiziell bekannt gegebenen Ergebnis widersprachen mutige Wahlbeobachter. Bei Überprüfungen wurden gravierende Wahlfälschungen nachgewiesen. Bis Ende September nutzten ca. 25 000 DDR-Bürger den Abbau der Grenzbefestigungsanlagen in Ungarn zur Flucht. Die DDR schränkte daraufhin die Reisemöglichkeit ihrer Bürger nach Ungarn weiter ein. Tausende besetzten die Botschaften der Bundesrepublik in Warschau und Prag und erzwangen ihre Ausreise. Zur Öffnung der Grenze am 9. November 1989 waren mehr als 225 000 Bürger aus der DDR in die Bundesrepublik gekommen.

*40-jähriges Bestehen der DDR*

Am 7. Oktober 1989 feierte die DDR ihr 40-jähriges Bestehen. Ab dem 9. Oktober veränderte sich die politische Situation mit den allwöchentlichen Montagsdemonstrationen dramatisch. Gewaltsame Auflösungen der Protestmärsche und Verhaftungen gegen eine gewaltfreie Menge von Menschen beendeten jede Woche erneut die Montagsdemonstrationen. Die Demonstranten selbst befürchteten, dass die DDR-

*Messingplatte neben der Nikolai-Kirche in Leipzig.*

Politiker wie die chinesische Staatsführung im Juni 1989 handeln könnte, als diese auf dem Platz des Himmlischen Friedens eine Demonstration zusammenschießen ließ. Zum Glück unterblieb ein vergleichbarer Befehl in der DDR.

*Öffnung der Mauer*

Am Abend des 9. November teilte Günter Schabowski auf einer Pressekonferenz mit, dass die Grenzen der DDR – darin bestand sein Missverständnis der Beschlusslage – „sofort, unverzüglich" für alle Bürgerinnen und Bürger der DDR offenstehen. Alle jetzt erfolgenden Versuche, der DDR die Eigenständigkeit zu bewahren und sie zu reformieren, waren vergebens. Aus der Losung „Wir sind das Volk" wurde „Wir sind ein Volk". Während in der DDR ein „Runder Tisch" mit Vertretern der Bürgerbewegungen und der SED versuchte, über die Machtübernahme zu verhandeln, lotete die Bundesregierung aus, welchen außenpolitischen Spielraum sie hätte. So wurde die erste freie Wahl der DDR-Volkskammer 1990 durch Gespräche auf internationaler Ebene über das Ende der DDR begleitet.

MATERIAL

## Jedes Land wählt seine Lösung 1

*In einem Interview mit Kurt Hager, im SED-Zentralkomitee zuständig für Ideologie und Kultur, loteten Peter Pragal und Ulrich Völklein vom STERN aus, inwieweit die Entwicklung in der Sowjetunion Einfluss auf die DDR nimmt.*

STERN: Die SED-Führung unterstützt die von Michail Gorbatschow eingeleiteten Reformen in der Sowjetunion. Zugleich betont die DDR ihre Eigenständigkeit. Sind die Zeiten vorbei, in denen das Land Lenins für deutsche Kommunisten Vorbild war?

HAGER: Die DDR und die Sowjetunion sind Verbündete. Sie haben einen Vertrag über Freundschaft, Zusammenarbeit und gegenseitigen Beistand abgeschlossen. Zwischen den Völkern beider Staaten besteht eine feste, unzerstörbare Freundschaft, die in direkten Beziehungen von Betrieben, Hochschulen und anderen Einrichtungen sowie zahllosen persönlichen Begegnungen ihren Ausdruck findet. SED und KPdSU sind Bruderparteien und tauschen regelmäßig ihre Erfahrungen aus, um voneinander zu lernen. So war es, so ist es, und so wird es auch in Zukunft sein.

STERN: Es gilt also nicht mehr die Parole: „Von der Sowjetunion lernen, heißt siegen lernen?“ [...]

HAGER: Wir deutschen Kommunisten haben dem Land Lenins stets große Achtung und Bewunderung entgegengebracht, und daran wird sich nichts ändern. Wir würdigen in diesem Jahr den 70. Jahrestag der Oktoberrevolution, die zum Sturz der Kapitalisten und Großgrundbesitzer und zur Errichtung des ersten sozialistischen Staates in der Geschichte führte und den Sozialismus in den 20er- und 30er-Jahren, vor allem die Industrialisierung und Kollektivierung, möglich machte. Wir wissen, dass die Sowjetunion die Hauptlast des Kampfes gegen den Hitlerfaschismus trug, und vergessen nie, dass ihr vor allem unser Volk die Befreiung vom Naziregime verdankt. Wir haben uns die Lehren Lenins, insbesondere die Theorie der sozialistischen Revolution und des sozialistischen Aufbaus sowie die Lehre von der Partei, angeeignet und aus dem reichen Erfahrungsschatz der KPdSU Nutzen gezogen. Dies bedeutete jedoch auch in der Vergangenheit nicht, dass wir alles, was in der Sowjetunion geschah, kopierten.

STERN: Ein hartes Wort ...

HAGER: ... schon im Aufruf des ZK der KPD vom 15. Juni 1945 heißt es: „Wir sind der Auffassung, dass der Weg, Deutschland das Sowjetsystem aufzuzwingen, falsch wäre, denn dieser Weg entspricht nicht den Entwicklungsbedingungen in Deutschland.“ Übrigens kopiert die Sowjetunion auch nicht die DDR. Es scheint, dass westliche Medien an diesem Thema vom „Kopieren“ interessiert sind, weil es in ihr Trugbild von der „Hand Moskaus“ oder von der angeblichen Einförmigkeit und Eintönigkeit des Sozialismus passt. Würden Sie, wenn Ihr Nachbar seine Wohnung neu tapeziert, sich verpflichtet fühlen, Ihre Wohnung ebenfalls neu zu tapezieren?

*Kurt Hager (hier 1989 mit Frau), geb. 1912, ab 1930 KPD-Mitglied; journalistische Tätigkeit; 1933 mehrere Monate KZ Heuberg, 1937–39 Teilnahme am spanischen Bürgerkrieg, zu Zuchthausstrafe verurteilt; 1939 Internierung in Frankreich; Exil in England; 1946 Rückkehr nach Deutschland; Sekretär des ZK der SED; Mitglied des Politbüros; Abgeordneter der Volkskammer, Mitglied des Staatsrats. Gest. 1998.*

Stern 16/1987, S. 140; zit. nach: Bernd Lindner: Die demokratische Revolution in der DDR 1989/90, Bundeszentrale für politische Bildung, Bonn 1998, S. 19.

MATERIAL
## 2 Aufruf zur Luxemburg-Liebknecht-Demonstration

*Die „Initiative zur demokratischen Erneuerung unserer Gesellschaft“ (Januar 1989) formulierte folgenden:*

**Aufruf an alle Bürger der Stadt Leipzig**

70. Jahrestag der Ermordung zweier Arbeiterführer – Rosa Luxemburg und Karl Liebknecht, und wieder werden tausende Werktätige verpflichtet, einer Kundgebung „beizuwohnen“, bei der die Redner die jährlich wiederkehrenden Ansprachen halten.
Beide Arbeiterführer traten für die allumfassenden politischen und ökonomischen Interessen der Arbeiterklasse ein, so auch für ein ungehindertes Vereins- und Versammlungsleben, für eine ungehemmte Presse, für allgemeine Wahlen und den freien Meinungskampf.
Menschen, die dieses Vermächtnis unter Berufung auf die Verfassung unseres Landes nach 40 Jahren DDR-Geschichte in Anspruch nehmen, werden immer wieder kriminalisiert.
Der Tag der Ermordung von Rosa Luxemburg und Karl Liebknecht soll uns Anlass sein, weiter für eine Demokratisierung unseres sozialistischen Staates einzutreten. Es ist an der Zeit, mutig und offen unsere Meinung zu sagen:
Schluss mit der uns lähmenden Teilnahmslosigkeit und Gleichgültigkeit:
Lassen Sie uns gemeinsam eintreten

- für das Recht auf freie Meinungsäußerung
- für die Versammlungs- und Vereinigungsfreiheit
- für die Pressefreiheit und gegen das Verbot der Zeitschrift „Sputnik“ und kritischer sowjetischer Filme[1].

Um nicht die offizielle Kundgebung in ihrem eigenen Anliegen zu stören, rufen wir Sie auf, gemäß Artikel 27 und 28 der Verfassung, sich am 15. Januar 1989 um 16.00 Uhr auf dem Markt vor dem Alten Rathaus zu versammeln, abschließend ist ein Schweigemarsch mit Kerzen zu der Gedenkstätte in der Braustraße[2] vorgesehen.
„Sozialistische Demokratie beginnt aber nicht erst im gelobten Land, wenn der Unterbau der sozialistischen Wirtschaft geschaffen ist.“

[1] Im November 1988 wurden in der DDR die Vorführung von fünf Filmen aus der SU und die sowjetische Zeitschrift „Sputnik“ verboten, in der, entsprechend den Glasnost-Vorstellungen, eine kritische Auseinandersetzung über den Hitler-Stalin-Pakt von 1939 und vor allem über die Behandlung deutscher Kommunisten im sowjetischen Exil abgedruckt war.
[2] Geburtshaus von Karl Liebknecht

zit. nach: Bernd Lindner: Die demokratische Revolution in der DDR 1989/90, Bundeszentrale f. politische Bildung, Bonn 1998, S. 7.

MATERIAL
## 3 Gründung unabhängiger Gruppen

*Obwohl illegal, bildeten sich vielerorts neue Gruppierungen und Parteien, die, im November legalisiert, zum Teil auch an den Volkskammerwahlen im März 1990 teilnahmen. Am 9./10. November 1989 entstand folgender Gründungsaufruf:*

**Aufbruch 89 – NEUES FORUM**

In unserem Lande ist die Kommunikation zwischen Staat und Gesellschaft offensichtlich gestört. Belege dafür sind die weitverbreitete Verdrossenheit bis hin zum Rückzug in die private Nische oder zur massenhaften Auswanderung. Fluchtbewegungen dieses Ausmaßes sind anderswo durch Not, Hunger und Gewalt verursacht. Davon kann bei uns keine Rede sein.
Die gestörte Beziehung zwischen Staat und Gesellschaft lähmt die schöpferischen Potenzen unserer Gesellschaft und behindert die Lösung der anstehenden lokalen und globalen Aufgaben. Wir verzetteln uns in übelgelaunter Passivität und hätten doch Wichtigeres zu tun für unser Leben, unser Land und die Menschheit.
In Staat und Wirtschaft funktioniert der Interessenausgleich zwischen den Gruppen und Schichten nur mangelhaft. Auch die Kommunikation über die Situation und die Interessenlage ist gehemmt. Im privaten Kreis sagt jeder leichthin, wie seine Diagnose lautet, und nennt die ihm wichtigsten Maßnahmen. Aber die Wünsche und Bestrebungen sind sehr verschieden und werden

*Januar 1990: Gründung* NEUES FORUM.

nicht rational gegeneinander gewichtet und auf Durchführbarkeit untersucht. Auf der einen Seite wünschen wir uns eine Erweiterung des Warenangebots und bessere Versorgung, andererseits sehen wir deren soziale und ökologische Kosten und plädieren für die Abkehr von ungehemmtem Wachstum. Wir wollen Spielraum für wirtschaftliche Initiative, aber keine Entartung in eine Ellenbogengesellschaft. Wir wollen das Bewährte erhalten und doch Platz für Erneuerung schaffen, um sparsamer und weniger naturfeindlich zu leben. Wir wollen geordnete Verhältnisse, aber keine Bevormundung. Wir wollen freie, selbstbewusste Menschen, die doch gemeinschaftsbewusst handeln. Wir wollen vor Gewalt geschützt sein und dabei nicht einen Staat von Bütteln und Spitzeln ertragen müssen. Faulpelze und Maulhelden sollen aus ihren Druckposten vertrieben werden, aber wir wollen dabei keine Nachteile für sozial Schwache und Wehrlose. Wir wollen ein wirksames Gesundheitswesen für jeden; aber niemand soll auf Kosten anderer krank feiern. Wir wollen an Export und Welthandel teilhaben, aber weder zum Schuldner und Diener der führenden Industriestaaten noch zum Ausbeuter und Gläubiger der wirtschaftlich schwachen Länder werden.

Um all diese Widersprüche zu erkennen, Meinungen und Argumente dazu anzuhören und zu bewerten, allgemeine von Sonderinteressen zu unterscheiden, bedarf es eines demokratischen Dialogs über die Aufgaben des Rechtsstaates, der Wirtschaft und der Kultur. [...] Es kommt in der jetzigen gesellschaftlichen Entwicklung darauf an,

- dass eine größere Anzahl von Menschen am gesellschaftlichen Reformprozess mitwirkt,
- dass die vielfältigen Einzel- und Gruppenaktivitäten zu einem Gesamthandeln finden.

Wir bilden deshalb gemeinsam eine politische Plattform für die ganze DDR, die es Menschen aus allen Berufen, Lebenskreisen, Parteien und Gruppen möglich macht, sich an der Diskussion und Bearbeitung lebenswichtiger Gesellschaftsprobleme in diesem Land zu beteiligen. Für eine solche übergreifende Initiative wählen wir den Namen

NEUES FORUM

Die Tätigkeit des NEUEN FORUM werden wir auf gesetzliche Grundlagen stellen. Wir berufen uns hierbei auf das in Art. 29 der Verfassung der DDR geregelte Grundrecht, durch gemeinsames Handeln in einer Vereinigung unser politisches Interesse zu verwirklichen. [...]

Allen Bestrebungen, denen das NEUE FORUM Ausdruck und Stimme verleihen will, liegt der Wunsch nach Gerechtigkeit, Frieden und Demokratie sowie Schutz und Bewahrung der Natur zugrunde. Es ist dieser Impuls, den wir bei der kommenden Umgestaltung der Gesellschaft in allen Bereichen lebensvoll erfüllt wissen wollen. Wir rufen alle Bürger und Bürgerinnen der DDR, die an der Umgestaltung unserer Gesellschaft mitwirken wollen, auf, Mitglieder des NEUEN FORUM zu werden.
Die Zeit ist reif.

zit. nach: Bernd Lindner, Die demokratische Revolution in der DDR 1989/90, Bundeszentrale für politische Bildung, Bonn 1998, S. 50.

*Presseschau November 1989: „Deine 100 Jahre waren aber schnell vorbei, Erich!“ Karikatur Klaus Böhle.*

MATERIAL

## 4 Dem Sozialismus gehört die Zukunft oder: Die DDR im Jahre 2000

*Anlässlich einer Tagung des Thomas-Müntzer-Komitees in Berlin äußerte sich Erich Honecker am 19. Januar 1989 zur Zukunft der DDR: „Die Mauer wird in 50 und auch in 100 Jahren noch bestehen bleiben, wenn die dazu vorhandenen Gründe noch nicht beseitigt sind.“ In einer Rede zum 40. Jahrestag der DDR im Oktober führte er diesen Gedanken weiter aus.*

### Durch das Volk und für das Volk wurde Großes vollbracht (7. Oktober 1989)

[…] Vor 40 Jahren wurde der erste sozialistische Staat auf deutschem Boden, die Deutsche Demokratische Republik, gegründet. Jeder, der das Glück hatte, an diesem historisch bedeutsamen Ereignis beteiligt zu sein, denkt nicht ohne Bewegung an die Tage zurück, in denen die Arbeiter und Bauern im Bunde mit der Intelligenz und allen Werktätigen im wahrsten Sinne des Wortes ihre Macht errichteten. […] Heute ist klarer denn je: Die Gründung der Deutschen Demokratischen Republik […] war geradezu eine geschichtliche Notwendigkeit. (Anhaltender starker Beifall) […] Wie die Sowjetunion, die uns befreit hat, wie die Volksrepublik China, die in diesen Tagen ebenfalls ihr 40. Gründungsjubiläum beging, wie Volkspolen und die ČSSR, wie die anderen sozialistischen Länder wird die DDR die Schwelle zum Jahr 2000 mit der Gewissheit überschreiten, dass dem Sozialismus die Zukunft gehört. (Lang anhaltender starker Beifall) […]
Gerade zu einer Zeit, da einflussreiche Kräfte der BRD die Chance wittern, die Ergebnisse des

Zweiten Weltkrieges und der Nachkriegsentwicklung durch einen Coup zu beseitigen, bleibt ihnen nur erneut die Erfahrung, dass an diesen Realitäten nichts zu ändern ist, dass sich die DDR an der Westgrenze der sozialistischen Länder in Europa als Wellenbrecher gegen Neonazismus und Chauvinismus bewährt. (Starker Beifall) An der festen Verankerung der DDR im Warschauer Pakt ist nicht zu rütteln. [...]
Die zügellose Verleumdungskampagne, die derzeit international koordiniert gegen die DDR geführt wird, zielt darauf ab, Menschen zu verwirren und Zweifel in die Kraft und die Vorzüge des Sozialismus zu säen. Dies kann uns nur darin bestärken, auch in Zukunft alles zu tun für ein friedliches europäisches Haus. Das Zusammenleben und die Zusammenarbeit der Staaten verschiedener sozialer Ordnung in einem solchen Haus sollen sich gut entfalten. Dafür besteht in der Schlussakte von Helsinki sowie den anderen KSZE-Dokumenten eine solide Grundlage. Wir werden aber niemandem gestatten, diese Vereinbarungen zur Destabilisierung des Sozialismus zu missbrauchen. (Starker Beifall) Strikte Achtung der Souveränität, der territorialen Integrität, der Unabhängigkeit, der Nichteinmischung in die inneren Angelegenheiten sind unverzichtbar. [...]
Auch im fünften Jahrzehnt wird der sozialistische Staat der Arbeiter und Bauern auf deutschem Boden durch sein Handeln zum Wohle des Volkes, durch seinen Beitrag zu Frieden, Sicherheit und internationaler Zusammenarbeit ständig neu beweisen, dass seine Gründung im Oktober 1949 ein Wendepunkt war – in der Geschichte des deutschen Volkes und Europas. [...]

Neues Deutschland, 9. Oktober 1989, S. 3 f.

MATERIAL

## Losungen der Montagsdemonstrationen in Leipzig (Auswahl) 5

**Montag, 23. 10. 1989 (ca. 250 000 Teilnehmer)**
Weitere Losungen waren:
Egon, wer 40 Jahre blind war, lernt nicht von heute auf morgen sehen!
eGOn!
Nur durch Pluralismus zu einem zeitgemäßen Sozialismus!
Die Karre steckt zu tief im Dreck, die alten Kutscher müssen weg!

**Montag, 30. 10. 1989 (ca. 300 000 Teilnehmer)**
Weitere Losungen waren:
Die Demokratie in ihrem Lauf, halten weder Ochs noch Esel auf!
Wir haben kein Vertrauen mehr nach 40 Jahren DDR!
SED gib acht, das Volk ist die Macht!
MAUER-Steine für Eigenheime!

**Montag, 6. 11. 1989 (ca. 500 000 Teilnehmer)**
Weitere Losungen waren:
Egon, hau Du ab, dann bleiben täglich Tausende im Lande!
Egon, jetzt wollen wir Taten sehen, oder sollen wir in den Westen gehen!
Wenn freie Wahlen sind in Sicht, verlassen wir die Heimat nicht!
SED, gib deine Führung ab, sonst werden hier die Leute knapp!
Vorwärts zu neuen Rücktritten!
S – Staatssicherheit, E – Entmündigung, D – Diktatur!

**Montag, 13. 11. 1989:** Wahlbetrug, Stell dich oder geh, SED! Deutschland einig Vaterland

**Montag, 11. 12. 1989:** Einigkeit und Recht und Freiheit

zusammengestellt nach: ullsteinbild und Bernd Lindner: Die demokratische Revolution in der DDR 1989/90, Bundeszentrale für politische Bildung, Bonn 1998, S. 79 und S. 87.

MATERIAL

## 6 Jetzt wächst zusammen, was zusammengehört

*Ansprache des SPD-Ehrenvorsitzenden Willy Brandt vor dem Schöneberger Rathaus in Berlin am 10. November 1989:*

Dies ist ein schöner Tag nach einem langen Weg. Doch wir befinden uns erst an einer Zwischenstation. Wir sind noch nicht am Ende des Weges angelangt. Es liegt noch eine Menge vor uns. […]
Es wird jetzt viel davon abhängen, ob wir uns – wir Deutschen hüben und drüben – der geschichtlichen Situation gewachsen erweisen. Das Zusammenrücken der Deutschen, darum geht es. Das Zusammenrücken der Deutschen verwirklicht sich anders, als es die meisten erwartet haben. Und keiner sollte jetzt so tun, als wüsste er ganz genau, in welcher konkreten Form die Menschen in den beiden Staaten in ein neues Verhältnis zueinander geraten werden. Dass sie in ein anderes Verhältnis zueinander geraten, dass sie in Freiheit zusammenfinden und sich entfalten können, darauf kommt es an.
Und sicher ist, dass nichts im anderen Teil Deutschlands wieder so werden wird, wie es war.

Die Winde der Veränderung, die seit einiger Zeit über Europa ziehen, haben an Deutschland nicht vorbeiziehen können. […]
Jetzt erleben wir, und ich bin dem Herrgott dankbar dafür, dass ich dies miterleben darf, dass die Teile Europas zusammenwachsen.
Ich bin sicher, dass der Präsident der Vereinigten Staaten und der erste Mann der Sowjetunion dies, was im Gange ist bei uns, zu würdigen wissen werden, wenn sie einander demnächst auf einem Schiff im Mittelmeer[1] begegnen. Und ich bin sicher, dass unsere französischen und unsere britischen Freunde – vergessen wir nicht, neben den Amerikanern die bewährten Schutzmächte in schwierigen Jahren – mit uns den Prozess der Veränderung, des neuen Aufbruchs als wichtig einzuordnen wissen. Ich weiß, dass unsere Nachbarn im europäischen Osten verstehen, was uns bewegt, und dass es sich einfügt in das neue Denken und Handeln, dass wir keine Lösung unserer Probleme anstreben, die sich nicht einfügt in unsere Pflichten gegenüber dem Frieden und gegenüber Europa. Uns leitet die gemeinsame Überzeugung, dass die Europäische Gemeinschaft weiterentwickelt und die Zerstückelung unseres Kontinents schrittweise, aber definitiv überwunden werden muss. […]
Noch einmal: Nichts wird wieder so wie es einmal war. Dazu gehört, dass auch wir im Westen nicht an mehr oder weniger schönen Parolen von gestern gemessen werden, sondern an dem, was wir heute und morgen zu tun, zu leisten bereit und in der Lage sind, geistig und materiell. […]

[1] Gipfeltreffen am 2. 12. 1989 zw. M. Gorbatschow und G. Bush auf der „Maxim Gorki" vor Malta

www.bwbs.de/Beitraege/78.html (29. Januar 2009) [Bundeskanzler-Willy-Brandt-Stiftung d. ö. R.].

MATERIAL 7

## Die Reaktion der Regierung auf die Entwicklung in der DDR

*Hans Modrow[1] löste Willi Stoph als neuer Ministerpräsident der DDR ab. Seine Entwicklungsperspektiven zeigte er in der Regierungserklärung vom 17.11.1989 auf.*

Die demokratische Erneuerung, ein vielgestaltiger, auch widersprüchlicher und zorniger Prozess, ist von Hunderttausenden im Volk begonnen worden, die wahrhaftig aus sich heraus und auf die Straße gegangen sind. Der Wille zur Erneuerung der sozialistischen Gesellschaft und ihres Staates hat Millionen Bürger erfasst und ist so zur politischen Gewalt geworden, politische Parteien und gesellschaftliche Gruppen sind selbstbewusst hervorgetreten. Dem Volk der DDR, das einen guten Sozialismus will, wird diese Regierung verpflichtet sein. […]
Zu den grundlegenden Voraussetzungen der Stabilität und des Friedens in Europa gehören stabile, berechenbare Beziehungen zwischen beiden deutschen Staaten und ihre konstruktive Weiterentwicklung. Mit der Öffnung ihrer Grenzen für den freien Reiseverkehr hat die DDR in diesem Sinne eine weltweit begrüßte und unterstützte Leistung erbracht. Mit der angestrebten, ja bereits begonnenen Reform unseres politischen Systems wird auch der Weg zur Wahrung und Durchsetzung des Selbstbestimmungsprozesses des Volkes der DDR auf neuer Grundlage gegangen. Damit wird die Legitimation der DDR als sozialistischer Staat, als souveräner deutscher Staat erneuert. Nicht durch Beteuerungen, sondern durch eine neue Realität des Lebens in der DDR wird den ebenso unrealistischen wie gefährlichen Spekulationen über eine Wiedervereinigung die klare Absage erteilt.
Die beiden deutschen Staaten haben bei aller Verschiedenheit ihrer Gesellschaftsordnungen eine jahrhundertealte gemeinsame Geschichte. Beide Seiten sollten die hierin liegende Chance begreifen, ihrem Verhältnis den Charakter einer qualifiziert guten Nachbarschaft zu geben.

[1] Hans Modrow, geb. 27. 1. 1928, Schlosser, seit 1949 Mitglied der SED, 1967–1989 Mitglied des ZK der SED; 1989 Mitglied des Politbüros der SED, Vorsitzender des Ministerrates, 1990–1994 Mitglied des deutschen Bundestags. Modrow wurde 1995 wegen Anstiftung zur Wahlfälschung sowie 1996 wegen Meineides zu Bewährungsstrafen verurteilt.

Neues Deutschland, 18./19. November 1989, S. 3–5.

MATERIAL

## 8 Zehn-Punkte-Programm des Bundeskanzlers Helmut Kohl

*Bundeskanzler Helmut Kohl legte in einer Rede vor dem Deutschen Bundestag am 28. November 1989 ein Zehn-Punkte-Programm zur Überwindung der Teilung vor. (Auszüge)*

Drittens: Ich habe angeboten, unsere Hilfe und unsere Zusammenarbeit umfassend auszuweiten, wenn ein grundlegender Wandel des politischen und wirtschaftlichen Systems in der DDR verbindlich beschlossen und unumkehrbar in Gang gesetzt wird. „Unumkehrbar" heißt für uns und vor allem für mich, dass sich die DDR-Staatsführung mit den Oppositionsgruppen auf eine Verfassungsänderung und auf ein neues Wahlgesetz verständigt.
Wir unterstützen die Forderung nach freien, gleichen und geheimen Wahlen in der DDR unter Beteiligung unabhängiger, das heißt selbstverständlich auch nichtsozialistischer, Parteien. Das Machtmonopol der SED muss aufgehoben werden. [...]
Viertens: Ministerpräsident Modrow hat in seiner Regierungserklärung von einer Vertragsgemeinschaft gesprochen. Wir sind bereit, diesen Gedanken aufzugreifen. Denn die Nähe und der besondere Charakter der Beziehungen zwischen den beiden Staaten in Deutschland erfordern ein immer dichteres Netz von Vereinbarungen [...]
Ich brauche nicht zu betonen, dass bei all dem, was jetzt zu geschehen hat, für uns Berlin voll einbezogen bleiben muss. Das war, ist und bleibt unsere Politik.
Fünftens: Wir sind aber auch bereit, noch einen entscheidenden Schritt weiterzugehen, nämlich konföderative Strukturen zwischen beiden Staaten in Deutschland zu entwickeln mit dem Ziel, eine Föderation, das heißt eine bundesstaatliche Ordnung, in Deutschland zu schaffen. Das setzt aber eine demokratisch legitimierte Regierung in der DDR zwingend voraus.
Dabei könnten wir uns nach schon bald freien Wahlen folgende Institutionen vorstellen:

- einen gemeinsamen Regierungsausschuss zur ständigen Konsultation und politischen Abstimmung,
- gemeinsame Fachausschüsse,
- ein gemeinsames parlamentarisches Gremium
- und manches andere mehr angesichts einer völlig neuen Entwicklung.

Die bisherige Politik gegenüber der DDR musste sich angesichts der Verhältnisse im Wesentlichen auf kleine Schritte beschränken, mit denen wir vor allem versuchten, die Folgen der Teilung für die Menschen zu mildern und das Bewusstsein für die Einheit der Nation wachzuhalten und zu schärfen. Wenn uns künftig eine demokratisch legitimierte, das heißt frei gewählte Regierung als Partner gegenübersteht, eröffnen sich völlig neue Perspektiven. [...]

*Helmut Kohl in Dresden 1989.*

Wie ein wiedervereinigtes Deutschland schließlich aussehen wird, das weiß heute niemand. Dass aber die Einheit kommen wird, wenn die Menschen in Deutschland sie wollen, dessen bin ich sicher.
Sechstens: Die Entwicklung der innerdeutschen Beziehungen bleibt eingebettet in den gesamteuropäischen Prozess, das heißt immer auch in die West-Ost-Beziehungen. Die künftige Architektur Deutschlands muss sich einfügen in die künftige Architektur Gesamteuropas. Hierfür hat der Westen mit seinem Konzept der dauerhaften und gerechten europäischen Friedensordnung Schrittmacherdienste geleistet. [...]
Zehntens: Mit dieser umfassenden Politik wirken wir auf einen Zustand des Friedens in Europa hin, in dem das deutsche Volk in freier Selbstbestimmung seine Einheit wiedererlangen kann. Die Wiedervereinigung, das heißt, die Wiedergewinnung der staatlichen Einheit Deutschlands, bleibt das politische Ziel der Bundesregierung. [...]

www.dhm.de/lemo/html/dokumente/DieDeutscheEinheit_redeKohlZehnPunkteProgramm/index.html (19. Januar 2009).

MATERIAL

## Die Reaktionen im Ausland 9

*Ähnlich überrascht und unvorbereitet wie die Deutschen selber war das Ausland, als am 9. November 1989 die Grenze zwischen beiden deutschen Staaten ihre Funktion verloren hatte. Konzepte für ein „Danach" gab es bei den maßgeblichen politischen Stellen nicht. Insbesondere der französische Staatspräsident Mitterand und die britische Premierministerin Thatcher formulierten zunächst ihre Vorbehalte, sahen sich dann aber mit einer Entwicklung konfrontiert, die sie nicht aufhalten konnten. Die Einbindung des neuen Deutschlands unter ein „europäisches Dach", wie es in der Erklärung des Europäischen Rates der Staats- und Regierungschefs vom 28. April 1990 hieß, sollte die Gewähr dafür bieten, dass die Stabilität in Europa insgesamt durch die Veränderungen nicht gefährdet würde.*

*a) Die Prawda veröffentlichte am 11. Februar 1990 das Kommunique über das Treffen zwischen dem Generalsekretär des ZK der KPdSU und Vorsitzenden des Präsidiums des Obersten Sowjet der UdSSR Gorbatschow und Bundeskanzler Kohl in Moskau.*

[...] Die Erörterung sei in zwei Bahnen verlaufen, entsprechend den zwei untrennbar miteinander verbundenen objektiven Prozessen. Die Deutsche Frage werden wir auf dem gegenwärtigen Niveau nur im Kontext der gesamteuropäischen Entwicklung lösen und unter Berücksichtigung der Sicherheit und der Interessen sowohl der Nachbarn als auch anderer Staaten Europas und der Welt.
Gorbatschow stellte fest – und der Kanzler stimmte ihm zu –, dass es zurzeit zwischen der UdSSR, der BRD und der DDR keine Meinungsverschiedenheiten darüber gebe, dass die Deutschen selbst die Frage der Einheit der deutschen Nation lösen und selbst ihre Wahl treffen müssen, in welchen Staatsformen, zu welchen Zeitpunkten, mit welchem Tempo und zu welchen Bedingungen sie diese Einheit realisieren werden. Hierbei bezog sich Gorbatschow auf sein jüngstes Gespräch mit dem Vorsitzenden des Ministerrats der DDR, Modrow. Er betonte insbesondere, dass alle Deutschen, sowohl im Osten als auch im Westen, diese Einstellung der Sowjetunion kennen müssten. Bei der Lösung ihrer nationalen Frage müssen sie jedoch an die Realitäten denken: dass es einen Krieg gegeben hat und dass er, wie auch die Nachkriegszeit, ein Erbe hinterlassen hat. Im Moment überdenken wir all dies. Wir sind von der Konfrontation abgegangen, der europäische Prozess entwickelt sich. Auch die deutsche Annäherung darf den hier schon erzielten positiven Resultaten und den Ost-West-Beziehungen insgesamt keinen Schaden zufügen und das europäische Gleichgewicht nicht zerstören. Im Gegenteil, so Gorbatschow, sie kann und muss so verlaufen, dass sie für die konstruktive gesamteuropäische Entwicklung einen Beitrag leistet. Deshalb ist nur eine solche Politik annehmbar, die alle Realitäten und alle möglichen Folgen berücksichtigt: innen- und außenpolitische, wirtschaftliche und natürlich die psychologische Reaktion der Deutschen und anderer Länder, insbesondere jener, die am Krieg teilgenommen haben. [...]

*b) Umfrageergebnisse zur deutschen Einheit*

| *Ausgabeposten* | BRD | *Spanien* | *Frankr.* | *Großbrit.* | USA | *Italien* | *Ungarn* | *Polen* | SU |
|---|---|---|---|---|---|---|---|---|---|
| Zustimmung | 80 | 73 | 68 | 61 | 61 | 78 | 68 | 26 | 51 |
| Ablehnung | 17 | 6 | 23 | 27 | 13 | 13 | 22 | 64 | 30 |
| unbestimmt | 3 | 21 | 9 | 12 | 17 | 9 | 10 | 10 | 19 |

a) Europa-Archiv, Zeitschrift für internationale Politik (Verlag für Internationale Politik GmbH, Bonn), 45. Jahrgang 1990, Folge 8, S. D 192 f.; b) nach: Frankfurter Rundschau, 19. Februar 1990, S. 16 und Gert-Joachim Glaeßner: Der schwierige Weg zur Demokratie. Vom Ende der DDR zur deutschen Einheit, Opladen (Westdeutscher Verlag) 1991, S. 171 f.

*Die Zwei-plus-vier-Gespräche im Mai 1990: James Baker, Eduard Schewardnadse, Hans-Dietrich Genscher, Roland Dumas, Markus Meckel, Douglas Hurd.*

1. Charakterisieren Sie die Entwicklung der Beziehungen zwischen der KPdSU und der SED seit 1945. (M 1 und Materialien aus Kap. 1.1)
2. Bestimmen Sie die Zielsetzungen der Opposition in der DDR und begründen Sie, weshalb gerade ein Gedenktag für die beiden führenden Mitbegründer der KPD zum Anlass für eine Demonstration gegen den „real existierenden Sozialismus" genommen werden kann. (M 2)
3. Zeigen Sie historische Vorbilder des Neuen Forums auf und erörtern Sie, inwieweit der Gründungsaufruf reformerische oder revolutionäre Züge trägt. (M 3)
4. Erläutern Sie die Funktion der von Honecker benutzten stereotypen Redewendungen vor dem Hintergrund der Ereignisse im Herbst 1989. (M 4)
5. Zeigen Sie anhand der Parolen auf den Leipziger Montagsdemonstrationen die Entwicklung der Forderungen an die SED auf. (M 5)
6. Erläutern Sie die Rahmenbedingungen in Willy Brandts Rede. (M 6)
7. Vergleichen Sie die von Modrow formulierten Ziele mit denen des Neuen Forums und diskutieren Sie, inwieweit diese Vorstellungen zeitgemäß und miteinander vereinbar waren. (M 3/M 7)
8. Beurteilen Sie die Konsequenzen des Zehn-Punkte-Programms Helmut Kohls für die europäische Gesamtarchitektur. (M 8)
9. Begründen Sie die Positionen Gorbatschows (M 9 a) und die Umfrageergebnisse zur deutschen Einheit in den verschiedenen Ländern. (M 9 b)

## 3.2 Deutschland nach der Wi(e)dervereinigung – *Wächst zusammen, was zusammengehört?*

*Karikatur zur deutschen Wiedervereinigung von Antonio Maia; Portugal, 2. Oktober 1990.*

Der Beitritt der DDR zur Bundesrepublik Deutschland gemäß Artikel 23 GG bedeutete nicht nur das Ende der DDR, sondern auch das Ende der „alten" Bundesrepublik. Aus der beschaulichen, noch nicht voll emanzipierten, in ihren Grundfesten gleichwohl weitgehend etablierten Bonner Republik, die niemand ernsthaft infrage stellte, entstand eine größere, souveräne Berliner Republik, die sich aber im Innern grundlegenden politischen, kulturellen, sozialen und wirtschaftlichen Veränderungen ausgesetzt sah.

*Sozialsysteme, Währungsreform*

Die schwierige Finanzierung der Wiedervereinigung verursachte oder verschärfte Probleme, die bis heute nicht gelöst sind. Dazu gehört die Krise der Sozialversicherungssysteme, insbesondere der Kranken- und Rentenversicherungen, die nun Leistungen an Bürgerinnen und Bürger der ehemaligen DDR erbringen müssen, die nie eingezahlt wurden. Der Kurs der Währungsumstellung war – psychologisch nachvollziehbar – aus der Sicht der DDR-Bürger unzureichend, volkswirtschaftlich gesehen entschieden zu hoch. Und nicht zuletzt die umstrittene politische Entscheidung: „Rückgabe vor Entschädigung", womit vor allem Immobilienbesitz gemeint war, auf den ehemalige DDR-Bürgerinnen und -Bürger nun einen Rechtsanspruch hatten, behinderte notwendige Investitionen der vermeintlich neuen Eigentümer oder Interessenten. Damit war auch die Hoffnung Helmut Kohls hinfällig, die er bei der Debatte im Bundestag um den Staatsvertrag am 21. Juni 1990 formulierte: „Nur der Staatsvertrag gibt die Chance, dass Mecklenburg-Vorpommern, Sachsen-Anhalt, Thüringen, Brandenburg und Sachsen bald wieder zu blühenden Landschaften werden können, in denen es sich für jeden zu leben und zu arbeiten lohnt."

***Transferleistungen und Befindlichkeiten***

Acht Jahre später veranstaltete die Universität Magdeburg eine Ringvorlesung zum Thema: „Blühende Landschaften oder subventionierte Steppe?" Ein Grund für diese provokative Frage lag im „Gesetz zur Privatisierung und Reorganisation des volkseigenen Vermögens (Treuhandgesetz)" vom 17. Juni 1990. Aufgabe der daraufhin gegründeten Treuhandanstalt war es, ca. 14 000 Unternehmen mit 4 Mio. Beschäftigten zu privatisieren, um „die Wettbewerbsfähigkeit möglichst vieler Unternehmen herzustellen und somit Arbeitsplätze zu sichern und neue zu schaffen". Die unmittelbare Einbeziehung der DDR-Wirtschaft in die westeuropäische Konkurrenzsituation bei gleichzeitigem Wegbrechen der traditionellen osteuropäischen Absatzmärkte offenbarte aber schlagartig deren nicht konkurrenzfähiges Produktionsniveau (vgl. Kap. 2.2). Weit mehr als die Hälfte der Unternehmen musste liquidiert werden, 1995 summierte sich der Schuldenberg auf ca. 150 Mrd. Euro, mehr als 2,5 Mio. Beschäftigte verloren ihre Arbeit. Die Wanderungsbewegung aus den „neuen Bundesländern", wie sie auch nach fast 20 Jahren noch heißen, in den Westteil der Republik hält an.

Insgesamt verschärfte sich bei den Ostdeutschen der Eindruck, Opfer einer Entwicklung zu sein, die nicht mit der Idee des November 1989: „Wir sind ein Volk!" übereinstimmte. Unverständnis auf beiden Seiten führte zu gegenseitigen Schuldzuweisungen und zu Überlegenheitsgefühlen im Westen bzw. zu dem Eindruck, Deutsche zweiter Klasse zu sein im Osten. Noch im Dezember 2008 stellte eine Bielefelder Forschungsgruppe um den Soziologen Wilhelm Heitmeyer in einer Langzeitstudie unter dem Titel „Deutsche Zustände" die Fortdauer der Spaltung in den Köpfen der Bürger in West und Ost fest.

MATERIAL

## 1 Die Einheit mit Leben erfüllen (1990)

[...] Die Vereinigung Deutschlands ist etwas anderes als eine bloße Erweiterung der Bundesrepublik. Der Tag ist gekommen, an dem zum ersten Mal in der Geschichte das ganze Deutschland seinen dauerhaften Platz im Kreis der westlichen Demokratien findet. [...]

Die Form der Einheit ist gefunden. Nun gilt es, sie mit Inhalt und Leben zu erfüllen. Parlamente, Regierungen und Parteien müssen dabei helfen. Zu vollziehen aber ist die Einheit nur durch das souveräne Volk, durch die Köpfe und Herzen der Menschen selbst. Jedermann spürt, wie viel da noch zu tun ist. Es wäre weder aufrichtig noch hilfreich, wollten wir in dieser Stunde verschweigen, wie viel uns noch voneinander trennt. [...]

Wenn es gelingen soll, das Gefälle bald zu überwinden, dann bedarf es dafür nicht nur der Hilfe, sondern vor allem auch der Achtung untereinander.

Für die Deutschen in der ehemaligen DDR ist die Vereinigung ein täglicher, sie ganz unmittelbar und persönlich berührender existenzieller Prozess der Umstellung. Das bringt oft übermenschliche Anforderungen mit sich. [...] Sie wollten ja nichts sehnlicher, als ihr Regime loszuwerden. Aber damit zugleich fast alle Elemente des eigenen Lebens von heute auf morgen durch etwas Neues, Unbekanntes ersetzen zu sollen, übersteigt das menschliche Maß.

Bei den Menschen im Westen war die Freude über den Fall der Mauer unendlich groß. Dass aber die Vereinigung etwas mit ihrem persönlichen Leben zu tun haben soll, ist vielen nicht klar oder sogar höchst unwillkommen.

So darf es nicht bleiben. Wir müssen uns zunächst einmal gegenseitig besser verstehen lernen. Erst wenn wir wirklich erkennen, dass beide Seiten kostbare Erfahrungen und wichtige Eigenschaften erworben haben, die es wert sind, in der Einheit erhalten zu bleiben, sind wir auf gutem Wege. [...]

Richard von Weizsäcker, Rede anlässlich des Staatsaktes zum Tage der Deutschen Einheit in der Philharmonie zu Berlin am 3. Oktober 1990, Bundeszentrale für politische Bildung (Hrsg.), Bonn 1990, S. 1–16, S. 3ff.

MATERIAL

## Aufschwung Ost mithilfe westlicher Unternehmen 2

*Exemplarisch kann die Problematik beim „Aufschwung Ost" an einem der geplanten Gewerbegebiete in den neuen Bundesländern betrachtet werden. In Oderwitz (im Grenzgebiet zu Tschechien und Polen) wurde das Gewerbegebiet „Am Spitzberg" geplant.*

*Plakat 1990.*

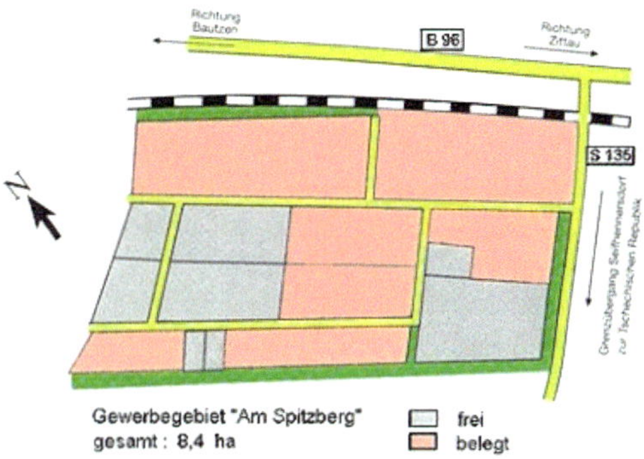


*Stand der Entwicklung 2008.*

Im Gewerbegebiet „Am Spitzberg" wurde folgende Besiedlung geplant:
- Südstreifen (1,5 ha): Kleingewerbe, Planungsbüros, Labors usw.
- ideale Lage auch für integrierte Wohnung
- Mittelstreifen (3 ha): mittleres und Großgewerbe
- Nordstreifen (3 ha): Großgewerbe mit teilweise industriellem Charakter
- Süd-Ost Standort (2 ha): großes Unternehmen mit werbewirksamem Standort

Tatsächlich angesiedelte Betriebe (2005):
1 Gasthaus
1 Kunsthandwerk
4 verschiedene Bauunternehmen,
Post, Ostmilch,
1 Autowaschanlage
1 Sarg- und Pietätswaren
1 Ingenieurbüro
1 Krawattenproduzent

*Blick auf die Post (im Plan oben in der Nord-Ecke des Gewerbegebietes).*

siehe: www.oderwitz.de/wirtschaft/gewerbegebiet_spitzberg.htm (10. Dezember 2008, seit 2005 praktisch unverändert).

MATERIAL

## 3 Die Beurteilung der Lebensumstände in der Bundesrepublik 2009

*In einer repräsentativen Umfrage ermittelte Forsa im Auftrag der Berliner Zeitung die Einstellung der bundesdeutschen Bevölkerung zum Stand der Entwicklung des Wiedervereinigungsprozesses zwei Jahrzehnte nach der Wende.*

**Im Vergleich zu 1989 geht es den Menschen in den neuen Bundesländern...**

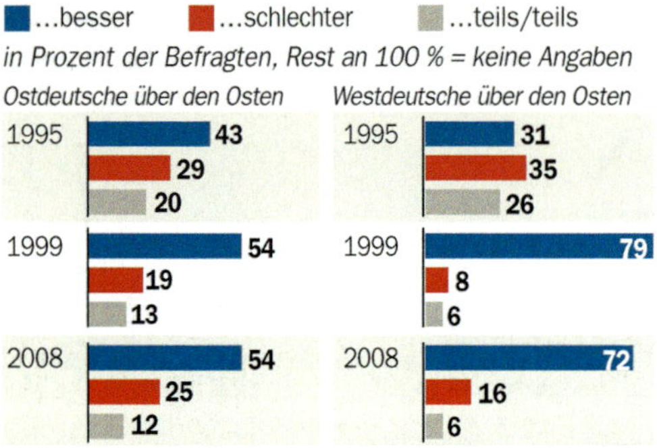


**Mit dem politischen System, so wie es tatsächlich funktioniert sind eher...**

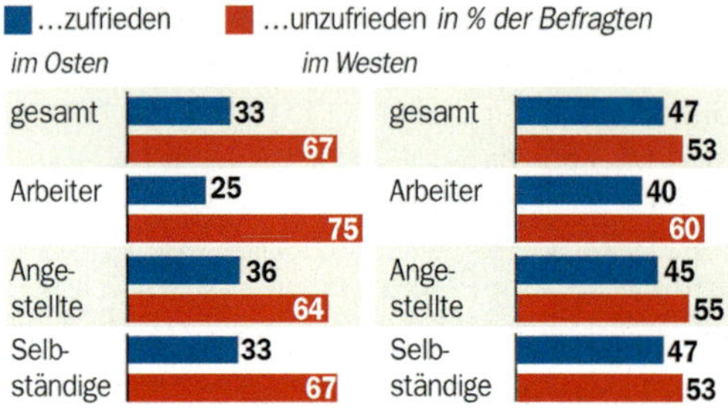


**Es hat sich seit der 1989 verändert zum...**

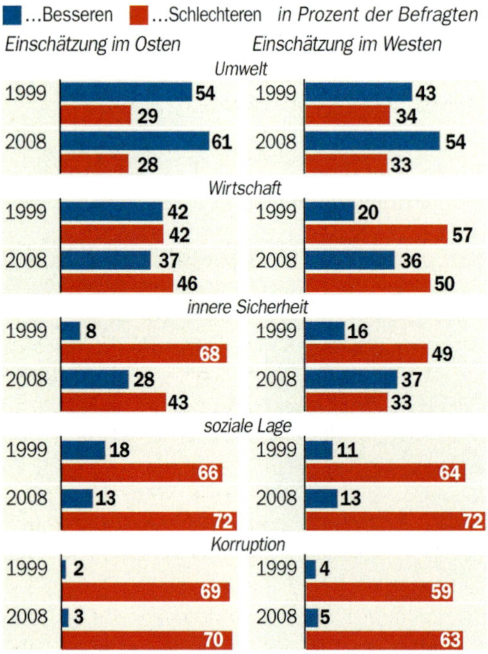


**Im Vergleich zur Zeit vor der Wiedervereinigung geht es mir heute...** *in Prozent der Befragten*

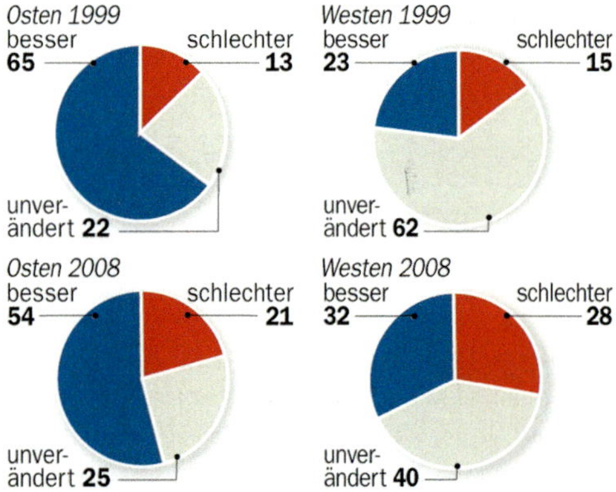


Forsa-Umfrage
Befindlichkeiten der Menschen in Ost- und Westdeutschland
Datenbasis: 1 008 Befragte insgesamt (502 in Ost-, 506 in Westdeutschland), Erhebungszeitraum: 10. bis 16. Dezember 2008, statistische Fehlertoleranz: +/- 3 Prozentpunkte, Auftraggeber: Berliner Zeitung.

MATERIAL

## Der Zusammenhang zwischen Volk und Nation 4

*Der Journalist Uwe Zimmer kommentiert die Diskussion um das Zusammengehörigkeitsgefühl der Deutschen.*

Wir sind kein Volk!

Nationale Feiertage kommen nicht ohne Pathos aus. Das war gestern nicht anders als früher am 17. Juni. Damals sollte das Tor aufgehen, riefen die Politiker nach den ostdeutschen Schwestern und Brüdern, jetzt übertönt die Freude über die gewonnene staatliche Einheit das Klagen und Warnen vor einer neuen gesellschaftlichen Teilung.

Müssen wir denn wirklich ein Volk sein? Sind Preußen und Bayern ein Volk? Oder leben nicht beide sehr gut damit, dass es zwischen dem deutschen Norden und dem Süden von der Konfession bis zur (gefühlten) Sonnenscheinverteilung erhebliche Unterschiede gibt.

Was sollen Umfragen, ob die Mauer zwischen Ost und West wieder aufgebaut werden solle, beweisen? Dass x-Prozent Dummköpfe die Wurzel ihrer persönlichen Misere jenseits der Elbe vermuten? Dass x-Prozent Ostbürger noch immer nicht glauben können, dass die Freiheit, die aus dem Westen kam, kein Honigschlecken ist? Amerika ist ein großes Land, die USA fühlen sich als Nation, aber die Bürger dieses Staatenbundes empfinden sich mitnichten als ein Volk. Der völkische Gedanke ist mit dem Nationalsozialismus diskreditiert. Damals hieß es: „Ein Volk, ein Reich, ein Führer." Nach solchen Parolen haben nur Geschichtsblinde Sehnsucht.

Die anderen freuen sich über die Einheit, arbeiten an deren Verankerung und schätzen den Unterschied.

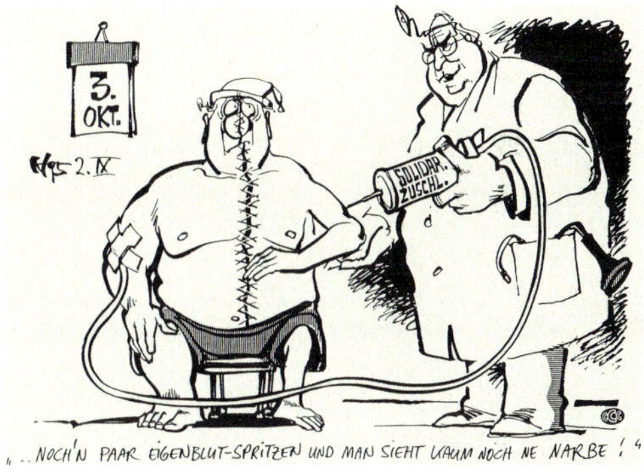


*„Noch'n paar Eigenblutspritzen und man sieht kaum noch ne Narbe."* – Horst Haitzinger 1990.

Uwe Zimmer, Neue Westfälische, Nr. 232, 4. Oktober 2004.

MATERIAL

## Aufarbeitung der DDR-Vergangenheit 5

*In Prozessen gegen Erich Honecker, Erich Mielke, Egon Krenz und andere Führungskader der ehemaligen DDR, aber auch gegen Richter, Beamte, Militärs, Grenztruppenangehörige usw. versuchte die Bundesrepublik Deutschland, Fehler aus der Entnazifizierung nach dem Zweiten Weltkrieg nicht zu wiederholen. Mit dem Schlagwort „Siegerjustiz" sollte dieses Vorhaben diskreditiert werden. Die Aufarbeitung der Aktivitäten der Stasi wurde der eigens geschaffenen Gauck-Behörde, benannt nach ihrem ersten Leiter Joachim Gauck, überantwortet.*

Fragebogenaktion des Freistaates Sachsen: hier an eine Hebamme des Kreiskrankenhauses Zittau vom 21. November 1991

Sehr geehrte Dame,
Sehr geehrter Herr,

die Regierung des Freistaates Sachsen hat beschlossen, dass alle Mitarbeiter im öffentlichen Dienst eine Erklärung bezüglich einer eventuellen Mitarbeit für das Ministerium für Staatssicherheit/Amt für Nationale Sicherheit der ehemaligen DDR abgeben müssen. [...]

Wird festgestellt, dass der Mitarbeiter entsprechend tätig war bzw. belastet ist, wird im Einzelfall über einen weiteren Verbleib in der Funktion oder im öffentlichen Dienst entschieden. Grundsätzlich geht es nicht um die einfache Mitgliedschaft in der SED oder anderer Parteien der ehemaligen DDR, sondern um die Ausübung politischer Funktionen in diesen Parteien oder Massenorganisationen, die sich mit einer Tätigkeit oder Funktion im öffentlichen Dienst heute

nicht mehr vereinbaren lassen. Daher ist die einfache Mitgliedschaft in einer Partei auch nicht anzugeben.
Mit freundlichem Gruß

Erklärung
Name, Vorname: ..................................................
Anschrift: ..............................................................

1.1. Haben Sie jemals offiziell oder inoffiziell, hauptamtlich oder sonstwie für das Ministerium für Staatssicherheit – Amt für nationale Sicherheit der ehemaligen DDR gearbeitet?

**Ja/nein**

Wenn ja: In welcher Weise, wo und von wann bis wann? Aus welchen Gründen wurde die Tätigkeit beendet?

1.2. Haben Sie gelegentlich oder unentgeltlich, über mittelbare Kontakte, im Wege einer Verpflichtung als Reisekader oder über Kontakte, zu denen Sie als Mitarbeiter östlicher Staatsorgane, als Leiter oder aufgrund gesellschaftlicher Funktionen verpflichtet waren, für das Ministerium für Staatssicherheit – Amt für nationale Sicherheit der DDR gearbeitet?

**Ja/nein**

Wenn ja: In welcher Weise, wo und von wann bis wann? Aus welchen Gründen wurden diese Kontakte beendet?

1.3. Falls die Fragen 1.1. und 1.2. mit nein beantwortet werden: Haben Sie solche Kontakte gehabt, die zu Ihrer Anwerbung führen sollten, was Sie aber ablehnten?

**Ja/nein**

Wenn ja: Wann und zu welcher Aufgabe sollten Sie verpflichtet werden?

2. Hatten Sie vor dem 9. November 1989 Mandate oder Funktionen in oder für politische(n) Parteien oder Massenorganisationen (z. B. FDGB, FDJ, GST, DFD, DFS) der ehemaligen DDR inne? Hatten Sie in dieser Zeit sonst eine herausgehobene Stellung in der DDR inne?

**Ja/nein**

Wenn ja: Welche Funktionen, Mandate, Stellungen? Wann, wo?

3. Waren Sie vor dem 9. November 1989 in einem Betrieb in der ehemaligen DDR oder für einen solchen außerhalb der ehemaligen DDR auf Leitungsebene tätig?

**Ja/nein**

Wenn ja: In welchen Betrieb, welche Tätigkeit? Wo, wann?

4. Waren Sie vor dem 9. November 1989 im beruflichen oder gesellschaftlichen Auftrag außerhalb des Gebietes der ehemaligen DDR tätig?

**Ja/nein**

Wenn ja: In welcher Weise? Wann, wo?

5. Haben Sie eine Ausbildung außerhalb des Gebietes der ehemaligen DDR absolviert?

**Ja/nein**

Wenn ja: Welche, wann, wo?

6. Haben Sie eine andere als allgemeinbildede bzw. hochschulbildende Ausbildung durchlaufen (z. B. Parteischulen o. Ä.)?

**Ja/nein**

Wenn ja: Welche, wann, wo?

7. Waren Sie vor dem 9. November 1989 als Schöffe eingesetzt?

**Ja/nein**

Wenn ja: Bei welchem Gericht und auf welchem Rechtsgebiet? Wann?

Ich erkläre mein Einverständnis mit der Heranziehung und Nutzung etwa über mich vorhandener personenbezogener Daten in den Unterlagen des ehemaligen Ministeriums für Staatssicherheit/Amt für nationale Sicherheit der früheren DDR [...]

Ort, Datum

Unterschrift ..........................................................

Privatbesitz Ulrich Scholz.

MATERIAL

## Ostalgie 6

Die von der Bevölkerung in der ehemaligen DDR wahrgenommenen strukturellen Veränderungen, Traditionsbrüche und Diskontinuitäten, der Verlust von Arbeitsplatz und teilweise von Heimat, zumindest aber von Freunden und Verwandten, die in den Westen zogen, führte zu einer verklärenden Rückbesinnung, und damit zu einer Verharmlosung der DDR. Aus der Retrospektive wirkte vieles gar nicht mehr so schlimm: Zwar hatte man keine Informations- und Reisefreiheit, dafür aber einen sicheren Arbeitsplatz. Zwar hatte man ein von westlichen Demokratievorstellungen deutlich abweichendes politisches System, aber es gab trotz der Stasi-Tätigkeiten auch private Nischen, in denen man sich einrichten konnte und seine relative Ruhe hatte. Zwar war das Konsumangebot gegenüber dem Westen extrem rückständig, aber es wurden durch Werbung auch keine Ansprüche oder Erwartungshaltungen provoziert. Die großen Hoffnungen, die viele ehemalige DDR-Bürger in Bezug auf die Wiedervereinigung hegten, hatten sich zerschlagen. Die plötzlich geforderte Eigeninitiative, privatwirtschaftliches Unternehmerverhalten u. Ä. überforderte bedeutende Teile der Bevölkerung, die es gewohnt war, 40 Jahre lang in nahezu allen wichtigen Lebensbereichen verwaltet zu sein. Der als Folge dieser Entwicklung feststellbare Identitätsverlust erforderte beinahe zwangsläufig eine Kompensation. Mit dem Film „Good bye Lenin" (Regie: Wolfgang Becker) war 2003 ein Kristallisationsobjekt gefunden. Die zum Schutz der Mutter „rekonstruierte" DDR, vor allem deren Alltagskultur bot neue Identifikationsmöglichkeiten an. Der Erfolg dieses Filmes vor allem in den neuen Bundesländern veranlasste mehrere Fernsehsender, die DDR „wiederzubeleben": Das ZDF präsentierte im Sommer 2003 die „Ostalgie-Show", der MDR „Ein Kessel DDR" (in Anlehnung an die beliebte Unterhaltungsfernsehserie in der DDR „Ein Kessel Buntes") und auch Sat.1 und RTL produzierten „DDR-Shows". Die Kritik an solchen Unterhaltungssendungen folgte prompt. Insbesondere ehemalige DDR-Bürgerrechtler mo-

*Filmplakat des Films von Wolfgang Becker, „Good bye Lenin" 2003.*

*Ostalgie-Show 2003 im MDR: Franziska Schenk und Gunther Emmerlich.*

nierten die mit der mediengerechten und populistischen Auswahl der Inhalte verbundene Geschichtsklitterung und Verzerrung der DDR-Realität. Diese sollte sogar in einem sogenannten DDR-Fun-Park in Berlin nachgestellt werden[1] „mit Möbeln, Kleidung und Filmen aus der Ost-Vergangenheit [...] Der Eintritt ist nur per Einreise durch eine von sogenannten DDR-Grenzposten bewachte Schleuse möglich." (NW, 19. 8. 2003)

Übrig geblieben von der Ostalgie-Welle ist, dass der sofort mit dem Mauerfall einsetzende Verdrängungsprozess von Ostprodukten ein wenig zurückgedreht werden konnte. Diese neue Popularität der DDR ermöglichte vielen örtlichen Produzenten von Lebensmitteln und Verbrauchsgütern, unter dem altbekannten DDR-Etikett nicht nur in den neuen Bundesländern wieder Fuß zu fassen.

[1] Projekt wurde aufgegeben

Ulrich Scholz, Autorentext.

MATERIAL

## 7 Geschichte der DDR in der Schule

*Die Unkenntnis oder Verdrängung der Lebenswirklichkeit in der DDR führt zu einer eigenwilligen Re-Konstruktion der Geschichte der DDR.*

**17. Juni? Nie gehört – An westdeutschen Schulen gerät die DDR-Geschichte in Vergessenheit. Sie wird zur Domäne der neuen Länder**

[...] Was lernen deutsche Schüler in den alten und in den neuen Ländern über die SED-Diktatur? Über den Westen ist in dieser Hinsicht wenig und nichts Gutes zu sagen. In den zehnten Klassen, berichtet die Braunschweiger Geschichtsdidaktikerin Helga Mätzing, kämen die Lehrer oftmals gar nicht bis zur DDR. An ihrem Universitätsseminar, wo sie eine historisch interessierte Elite überwiegend westdeutscher Abiturienten zu Geschichtslehrern ausbilden soll, begegnen ihr Studenten, die vom 17. Juni nie gehört haben. In der Lehrerfortbildung herrschen inzwischen dieselben Verhältnisse wie an den Universitäten: Jede zweite Veranstaltung zur Geschichte der DDR, grob geschätzt, findet in den neuen Ländern statt. Und wendet sich eine Fortbildung einmal ausdrücklich an Lehrer aus alten und neuen Ländern, so bleiben die Westdeutschen weg.

Und im Osten?

Ortstermin im Friedrich-Schiller-Gymnasium in Calbe, einer Kleinstadt nahe Magdeburg. Ethikkurs im zwölften Jahrgang, 15 halbwegs oder gerade volljährige Schülerinnen und Schüler diskutieren über die DDR. Soziale Kontrolle und soziale Sicherheit, Versorgungsmängel und Diktatur, die Mutter, die als Parteimitglied wirklich an den Sozialismus geglaubt habe und deren Freundin, die als bekennende Christin drangsaliert wurde – all das wird erörtert aus einer mittleren Distanz, die der Auseinandersetzung augenscheinlich nützt: zu nahe für Gleichgültigkeit, zu fern für Identifikation.

Zugleich zeigt sich allerdings, wie wichtig der Schulunterricht hier ist, um der DDR-Verklärung in den Elternhäusern entgegenzuwirken. „Wir bemühen uns immer wieder zu zeigen, dass die DDR eine Diktatur war", sagt die Lehrerin. Die Botschaft ist offensichtlich angekommen – nur steht sie in den Aussagen der Schüler seltsam abstrakt, fast unverbunden, neben den weitaus farbigeren und überwiegend freundlichen Schilderungen des DDR-Alltags.

**In der Schule wird die Diktatur kritisiert, daheim die DDR verklärt**

[...] So rücksichtslos diese Auseinandersetzung mit der eigenen Geschichte erscheint, so wenig geht sie einher mit Sympathien für den Westen. Dass die SED „uns alle betrogen" hat, glaubten 1992 in den neuen Ländern 70 Prozent der Befragten, 1996 nur noch 48 Prozent. Frage an den Geschichtskurs: Wie ist das zu erklären?

In der Antwort ist sich der ganze Kurs einig: 1996 hätten die Menschen in den neuen Ländern ein realistischeres Bild des Westens gewonnen – und erkannt, dass die SED-Propaganda über den Kapitalismus so falsch nicht gewesen sei.

Frank Drieschner, Die Zeit Nr. 46, 4. November 2004, S. 11.

MATERIAL

## „Wo wir uns finden“ 8

*Horst Köhler, Bundespräsident, in seiner Rede am* 3. *Oktober* 2008:

[…] Heute vor 18 Jahren haben wir die Teilung Deutschlands endgültig hinter uns gebracht. Das Unrechtsregime DDR war überwunden, denn seine Bürgerinnen und Bürger hatten die Mauer zum Einsturz gebracht.

Bei allem, was danach geschah; bei allem, was gelang, was schiefging: Was für ein Glück ist und bleibt diese friedlich und mutig erkämpfte Einheit, was für ein Segen für unser Vaterland!

Die DDR ist Vergangenheit. Dabei vergessen wir nicht, dass die einzelnen Geschichten der Menschen in der DDR nicht nur vom System und seinem Unrecht geprägt waren. Die meisten haben hart gearbeitet, viel geleistet, sie haben sich umeinander gekümmert, miteinander gelebt, gelitten und gefeiert. Es gab in der DDR Glück, Erfolge und Erfüllung. Nicht wegen, sondern oft trotz der SED-Diktatur. Deshalb bitte ich um Anerkennung und Respekt für die Menschen, die in der DDR ihren Weg gegangen sind, ohne sich schuldig zu machen.

Dann kam die Wende, und vieles stürzte auf uns ein. Ich war mittendrin und im Rückblick sage ich: Praktisch war es unmöglich, im Vereinigungsprozess immer genau zu wissen, was die richtige Entscheidung ist. Und deshalb wollen wir nicht länger so tun, als sei alles immer nur richtig gewesen.

Ich stoße heute in Ostdeutschland auf viel Freude am Erreichten, auf Stolz an der eigenen Leistung und auf Selbstbewusstsein. Sicher: Manches dauert länger als gedacht, es gab und gibt Härten und Enttäuschungen. Doch wer die Augen aufmacht, der sieht: Wir haben viel erreicht. Vielleicht ist es weniger, als manche in der ersten Euphorie erhofft haben. In Wirklichkeit ist es sehr viel mehr, als manche sehen – oder sehen wollen. Und ich denke: Wir sind auf dem gemeinsam zurückgelegten Weg erwachsener geworden. […]

Unsere Nation steht vor großen Aufgaben. Es geht um Arbeit, die wir schaffen müssen; um Bildung, die allen gerechte Chancen gibt; um Integration, die uns zusammenhält: Stadt und Land, Ost und West, Alt und Jung, Arm und Reich, einheimisch und mit Wurzeln von weit her.

Vor diesen Aufgaben braucht uns nicht bange zu sein. Unser Land hat ja selbst in der jüngsten Geschichte weit größere Herausforderungen gemeistert – nach 1945, nach 1989. […]

Und es gibt noch eine wichtige Quelle für Orientierung und Kraft, die wir noch nicht recht erschlossen haben: Das ist die Überzeugung, als Nation mehr zu sein als eine Wohngemeinschaft und ein Versicherungsverein auf Gegenseitigkeit, die Überzeugung, als Nation und als Staat eine Aufgabe zu haben, die über das Hier und Jetzt hinausweist, die groß ist und anstrengend, aber gut und erreichbar und gerade für uns gemacht.

Stellen wir uns deshalb ruhig die Frage: Was ist eigentlich gut daran, deutsch zu sein? Ich finde, es ist vor allem, dass wir gelernt haben aus der Geschichte, und wir lernen weiter. Lernfähigkeit ist Teil unserer Kultur, unseres Charakters, geworden. […] Das ewige Schwanken zwischen himmelhoch jauchzend und zu Tode betrübt kann ein Ende haben. Wir können einfach lebenstüchtig sein und mit Vernunft und Augenmaß daran arbeiten, unser Land zu verbessern, anderen zu helfen und die Welt heiler zu machen.

Unser Volk ist frei und politisch geeint. Wir leben in sicheren Grenzen, umgeben von Freunden und Partnern. Wir genießen so großen Wohlstand wie wenige, und wir halten die Demokratie und das Recht hoch. Wir finden zu uns selbst.

Freuen wir uns darüber, feiern wir es! […]

Wir alle wissen es: Die nächste Generation unseres Landes wird noch viel stärker von Menschen geprägt sein, deren Wurzeln fern von Deutschland liegen. Ich sehe eine große, aber eben auch eine schöne Aufgabe darin, sie für unsere Kulturnation zu gewinnen. […] Unsere Liebe zur Freiheit und das Bekenntnis zur Selbstverantwortung, das Streben nach Glück und die Achtung der Würde und der Rechte eines jeden Menschen bleiben dabei unveräußerlich. Auf die Kraft dieser Werte können wir vertrauen. […]

www.bundespraesident.de/Reden-und-Interviews-,11057.649657/Wo-wir-uns-finden-Rede-von-Bun.htm?global.back=/-%2c11057%2c3/Reden-und-Interviews.htm%3flink%3dbpr_liste (10. Dezember 2008).

MATERIAL
## 9 Deutsche Zustände

*In einem Artikel in der „Zeit" beschreibt der Bielefelder Soziologe Wilhelm Heitmeyer die Ergebnisse der Langzeituntersuchung seiner Forschungsgruppe unter der Überschrift „Ein Land, zwei Gesellschaften".*

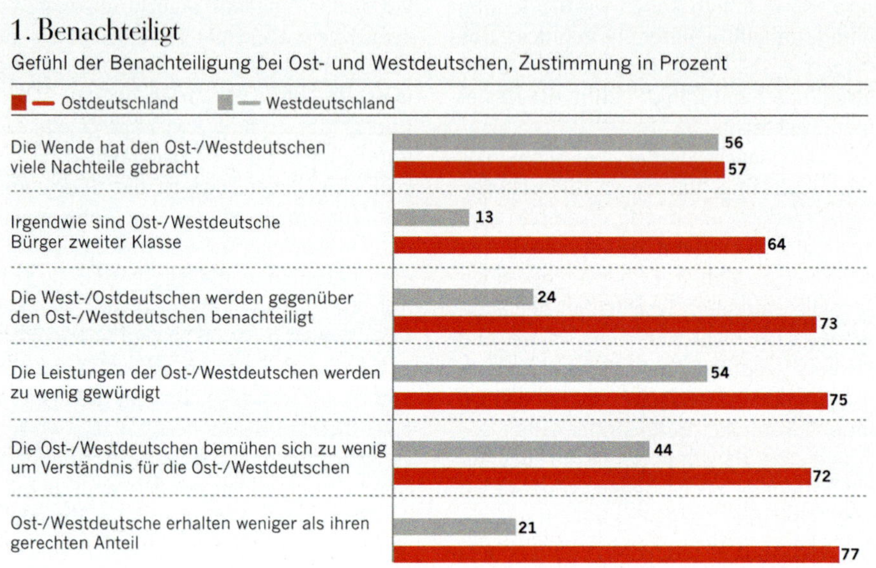


Die Zeit, Nr. 50, 4. Dezember 2008, S. 13.

1. Diskutieren Sie die von v. Weizsäcker genannten Rahmenbedingungen in Bezug auf die wirtschaftlichen, politischen und strukturellen Faktoren. (M 1)
2. Stellen Sie die Ideen zur wirtschaftlichen Förderung der neuen Bundesländer den Ergebnissen gegenüber. (M 2)
3. Interpretieren Sie die Umfrageergebnisse. (M 3)
4. Untersuchen Sie, inwieweit die Position Zimmers eine Erweiterung der Perspektive beinhaltet. (M 4)
5. Überlegen Sie, inwieweit das Vorgehen des Freistaates Sachsen rechtsstaatlichen Prinzipien genügt und welche (psychologischen) Folgen und Einstellungen zur Wiedervereinigung es für die Betroffenen nach sich ziehen kann. (M 5)
6. Der frühere DDR-Bürgerrechtler und jetzige CDU-Bundestagsabgeordnete Günter Nooke warf die Frage auf, ob ähnliche Fernsehsendungen zum Dritten Reich denkbar wären. Setzen Sie sich mit dieser Position auseinander. (M 6)
7. Diskutieren Sie, auf welche Weise und mit welchem Erkenntnisinteresse Sie sich in Ihrem Kurs/privat mit der (DDR-)Geschichte auseinandersetzen. (M 7)
8. Entwerfen Sie anhand der Festrede des Bundespräsidenten einen konkreten Entwicklungsplan für Deutschland. (M 8)
9. Analysieren und interpretieren Sie die Statistik. (M 9)

# LITERATURHINWEISE UND INTERNETADRESSEN

**Literaturhinweise:**


- Bundesministerium für innerdeutsche Beziehungen (Hrsg.), Zahlenspiegel: Bundesrepublik Deutschland/Deutsche Demokratische Republik – ein Vergleich, Bonn, 2., aktualisierte Auflage 1983
- Bundeszentrale für politische Bildung (Hrsg.); Geschichte der DDR, Informationen zur politischen Bildung 231, Bonn 1991
- Führer, Christian, Und wir sind dabei gewesen: Die Revolution, die aus der Kirche kam, München (Ullstein) 2009
- Fulbrook, Mary, Ein ganz normales Leben – Alltag und Gesellschaft in der DDR, Darmstadt (WBG), 2008
- Gieseke, Jens, Die DDR-Staatssicherheit: Schild und Schwert der Partei, Bundeszentrale für politische Bildung, Bonn 2000
- Knabe, Hubertus, Honeckers Erben, die Wahrheit über DIE LINKE, München (Propyläen) 2009
- Leonhard, Wolfgang, Die Revolution entlässt ihre Kinder, Gütersloh, Neuauflage 1981
- Lindner, Bernd: Die demokratische Revolution in der DDR 1989/90, Bundeszentrale für politische Bildung, Bonn 1998
- Malycha, Andreas, Auf dem Weg zur SED – Die Sozialdemokratie und die Bildung einer Einheitspartei in den Ländern der SBZ, Bonn (Verlag J. H. W. Dietz Nachfolger), 1996
- Maibaum, Werner, Geschichte der Deutschlandpolitik, Bundeszentrale für politische Bildung, Bonn 1998
- Maser, Peter, Die Kirchen in der DDR, Bundeszentrale für politische Bildung, Bonn 2000
- Rühle, Jürgen u. Gunter Holzweißig, 13. August 1961 – Die Mauer von Berlin, Edition Deutschland Archiv, Köln (Verlag Wissenschaft und Politik Berend von Nottebeck) 1981
- Suckut, Siegfried, Parteien in der SBZ/DDR 1945–1952, Bundeszentrale für politische Bildung, Bonn 2000
- Spittmann, Ilse und Karl Wilhelm Fricke (Hrsg.), 17. Juni 1953 – Arbeiteraufstand in der DDR, Edition Deutschland Archiv, Köln (Verlag Wissenschaft und Politik Berend von Nottebeck) 1982
- Weber, Hermann (Hrsg.), DDR – Dokumente zur Geschichte der Deutschen Demokratischen Republik 1945–1985, München (DTV), 1986
- Wehler, Hans-Ulrich, Deutsche Gesellschaftsgeschichte, Bd. 5, 1949–1990, München (Verlag C.H. Beck), 2008
- Wehling, Hand-Georg, Die DDR, Sonderauflage der Informationen zur politischen Bildung 205, Bundeszentrale für politische Bildung (Hrsg.), Bonn, 2., aktualisierter Nachdruck
- Werkentin, Falco, Recht und Justiz im SED-Staat, Bundeszentrale für politische Bildung, Bonn 1998
- Wolfrun, Edgar, Die DDR – Eine Geschichte in Bildern, Darmstadt (WBG), 2008
- Wolle, Stefan, Der 17. Juni 1953, Landeszentrale für politische Bildung Thüringen, 2003


**Internetadressen:**

- Bundeszentrale für politische Bildung
  http://www.bpb.de/themen/68PQ10,0,0,Geschichte_der_DDR.html
- Deutsches Historisches Museum
  http://www.dhm.de/lemo/html/DasGeteilteDeutschland/index.html
- DokumentArchiv
  http://www.documentarchiv.de/ddr.html
- Mitteldeutscher Rundfunk (MDR)
  http://www.mdr.de/damals-in-der-ddr/
- Besondere Themen:
  http://www.17juni53.de/
  http://www.chronik-der-mauer.de
  http://www.bstu.bund.de/ (Staatssicherheit)

# BILDQUELLENVERZEICHNIS

Nicht in allen Fällen war es uns möglich, den Rechteinhaber der Abbildung ausfindig zu machen. Berechtigte Ansprüche werden im Rahmen der üblichen Vereinbarungen abgegolten.

Umschlagbild: ullsteinbild; Akg-images 12.1, 12.2, 18.1, 18.2, 19.1, 19.2, 20.1, 26.1, 49.1, 49.2, 50.1, 52.1, 68.1, 70.1; Breuer, Gisela/Die Zeit 94.1; BstU 39.1, 39.2; Der Spiegel/Haus der Geschichte, Bonn 45.1; CCC/Luff 78.1, CCC/Haitzinger, Horst 89.1; Forsa/Berliner Zeitung 88.1-4; Gäbler, Gerhard 73.1; Hicks, Wolfgang/Haus der Geschichte, Bonn 43.1; Neues Deutschland Druckerei und Verlag GmbH Berlin 46.1; Maia, Antonio 85.1; Picture-alliance 6.1, 75.1, 82.1, 91.1; Robert Havemann Gesellschaft/BstU 59.1; Scholz, Ulrich 74.1, 87.1, 87.2, 87.3; Ullsteinbild 5.1, 5.2, 5.3, 9.1, 11.1, 17.1, 22.1, 25.1, 27.1, 28.1, 28.2, 29.1, 29.2, 30.1, 30.2, 33.1, 33.2, 34.1, 36.1, 37.1, 56.1, 58.1, 61.1,63.1, 65.1, 77.1, 79.1, 79.2, 80.1, 80.2, 80.3, 84.1; Wensierski, Peter, Berlin 66.1; X Verleih Berlin 91.2